ADAC
Reiseführer

Schottland

Von Hans-Günther Semsek

Intro

Unterwegs

Grampian Highlands – Natur pur 67

Central Highlands – der hohe Norden 89

Karten und Pläne

Service

Schottland Impressionen

Herbe Schönheit mit Charakter

Von kaum einem anderen europäischen Land existieren so viele Klischees wie vom ›Alaska Großbritanniens‹.

Dabei ist das knapp 79 000 km² große Schottland eine moderne Region, deren 5,1 Mio. Bewohner darüber hinaus stolz auf ihre einzigartige **Landschaft** und Geschichte sind. Die meisten freut es zum Beispiel, dass sie sich durch ihre gälischen Sprachwurzeln und die katholische Religion von den Engländern, den ungeliebten Nachbarn im Süden, unterscheiden.

›Typisch schottisch‹

Aber aus welchem Grund auch immer, es halten sich hartnäckig Klischeevorstellungen, der Besucher hätte es in Schottland mit Kilt tragenden, unermüdlich Dudelsack spielenden, Whisky trinkenden und Haferfladen essenden, geizigen Schotten zu tun, die das ganze Jahr über Baumstämme durch die Luft schleudern und Steine mit mehr oder weniger mystischer Vergangenheit in die Höhe stemmen. Auch wenn solche ›Bilderbuch-Schotten‹ mittlerweile ins Reich der Fabel gehören, so mag sich doch hie und da ein Körnchen Wahrheit finden.

In der Tat tragen manche Schotten auch heute noch einen **Kilt**. Der Schottenrock, gälisch *Feileadh-beagh*, entstand aus einem von der Schulter bis zu den Knien reichenden, mantelartigen Plaid. Ab dem 16. Jh. trennten die Männer den unteren Teil ab, legten ihn in Falten *(kilted)* und hielten ihn mit einem Gürtel an Ort und Stelle. Vorne sorgte die *Kilt Pin*, die Rocknadel, dafür, dass der Stoff zusammenblieb, und vom Gürtel baumelte der *Sporran* hinab, heutzutage eine kleine Jagdtasche, ursprünglich jedoch ein Polster zum Schutz der edlen männlichen Körperteile. Gleich beantwortet sei auch die unausrottbare Frage nach dem Darunter: heutzutage normale Unterwäsche, früher ein *Leni Croich*, ein derart gut gestärktes Hochlandhemd, dass selbst eine kräftige Windbö den berockten Schotten nicht bloßstellen konnte.

Was nun den **Dudelsack** angeht, ist er – was selbst im hohen Norden des britischen Königreiches nur wenige wissen – keineswegs eine schottische Erfindung. Dieses Windkapselinstrument wurde vielmehr in Indien entwickelt. Belegt ist, dass die Schotten mindestens seit dem 14. Jh. die *Bagpipe* als universelles Musikinstrument einsetzen. Eine kleine Skulptur in der zerstörten Abtei von *Melrose*, bei der die frühen Steinmetzen gleichermaßen Witz wie Kreativität bewiesen, bestätigt die Datierung. Da bläst nämlich ein Schwein kräftig den Dudelsack.

Der berühmte schottische **Whisky** geht auf frühchristliche irische Mönche zurück, die im Zuge ihrer Missionsarbeit nicht nur den neuen Glauben, sondern auch die Technik der Alkoholdestillation im hohen Norden Britanniens bekannt machten. Sie sprachen dem *Uisge Beathad*, gälisch für Lebenswasser, derart kräftig zu, dass sich Abt Columban ge-

Oben: *Von einst blühendender Kultur zeugen noch heute die Ruinen von Melrose Abbey*
Unten: *Zauber und Majestät des Südwestens werden am Loch Leven greifbar*

das Baumstammwerfen. Der *Caber*, also der 5 bis 6 m lange und rund 80 kg schwere Baumstamm, muss während des Wurfs einen Salto schlagen und so zu liegen kommen, dass sein Ende auf ›12 Uhr mittags‹ zeigt – gerade vom Werfer weg. Wenn dem so ist, geraten die Zuschauer über diese gigantische sportliche Leistung schier aus dem Häuschen und lang anhaltender Jubel ist dem Athleten gewiss.

Der von Königin Victoria angestoßenen Wiederbelebung dieser jahrtausendealten sportlich-kämpferischen Tradition konnte und wollte sich auch Edinburgh als Hauptstadt von Schottland nicht entziehen. So finden hier alljährlich im Herbst Highland Games statt, auch wenn das überaus malerische **Edinburgh**

zwungen sah, für betrunkene Mönche drakonische Strafen auszusprechen – geholfen hat es allerdings nicht! Wissenswert ist, dass sich der schottische Whisky ohne ›e‹, der irische Whiskey dagegen mit ›e‹ schreibt.

Den **Hafer** schließlich brachten die Kelten während der Völkerwanderung nach Schottland, wo das Korn auf den unfruchtbaren Böden noch am besten gedieh. *Porridge*, Hafermehl mit Milch oder Wasser verrührt, war eine sättigende und nahrhafte, jedoch geschmacklich wenig ersprießliche Speise.

Das Vorurteil, dass die Schotten **geizig** seien, hängt zum einen mit ihrer oft so kargen Heimat zusammen, in der es nichts zu verschwenden gab. Aber auch die Engländer trugen ihren Teil zu der Legende bei, wenngleich sich heute kaum noch jemand an die Ursprünge erinnert. 1357 entzog sich der schottische König David II. geschickt englischen Reparationsforderungen und ließ nur das für einen Frieden Nötigste nach Süden abführen. Knauserig seien sie eben, schimpften die Engländer. Aber klug und gewitzt kommt der Wahrheit wohl näher.

Highland Games

Beliebt bei den Schottland-Besuchern sind während der Saison von Ostern bis Oktober die *Highland Games*. Die Hochlandspiele erscheinen mitunter so bizarr und obskur, dass einheimische Spötter sie auch als *Oatmeal Olympics*, als Hafermehl-Olympiade, verulken. Die Disziplinen sind Seilziehen, Hammerwerfen, eine Art Kugelstoßen und als berühmteste sportliche Übung das *Tossing the Caber*,

auf diese zusätzliche Attraktion nicht angewiesen wäre. Die hinreißende Altstadt liefert eine unübertreffliche Kulisse für die vielen kulturellen, sportlichen und künstlerischen Festivals und Treffen, die das ganze Jahr Besucher aus aller Welt anziehen. Um Edinburghs Rang als Kulturmetropole konkurriert mittlerweile Schottlands zweite Großstadt, **Glasgow**, spätestens seit sie 1990 zur europäischen Kulturhauptstadt erwählt wurde. Durchaus zu Recht, wenn man sich in den liebevoll restaurierten Straßen und Gassen umsieht, wo man allenthalben genauso auf Historie trifft wie auf das quirlige, umtriebige Leben einer aufgeschlossenen Stadt im Aufbruch. Aber so interessant Schottlands Städte auch sein mögen, nach wie vor ist es vor allem die unvergleichliche Landschaft, die jedes Jahr Zehntausende von Besuchern nach Schottland zieht – zu den hohen, manchmal noch im Frühsommer schneebedeckten *Bens* (Bergen), den einsamen und dunklen *Glens* (Tälern) und den unergründlich tiefen *Lochs* (Meeresfjorden und Seen).

Links oben: *Die Galloway- und Angus-Rinder bringt so leicht nichts aus ihrer Ruhe*
Links Mitte: *Unverkennbar ist der kämpferische Ursprung der Highland Games*
Oben: *Marschmusik auf gut schottisch*
Unten: *In der Heimat des Golfsports liegt immer ein gepflegtes Grün in nächster Nähe*

Landschaft

Nachdem man die unsichtbare *Grenze* von England nach Schottland überquert hat, geht es zunächst durch flaches grünes Tiefland. Auf den saftigen Wiesen grasen Galloway-Rinder, die angeblich schon mit den Kelten während der Völkerwanderung in den hohen Norden gekommen sind. Noch also ist die Gegend recht ›unschottisch‹.

An diese flache Ebene schließen sich die hügeligen **Southern Uplands** an. In ihrem Osten ragen die heidekrautbewachsenen Moore der Lammermuir Hills bis zu 533 m auf, gen Westen folgen die einsamen Tweedmuir Mountains, die in die bis zu 844 m hohen Merrick-Berge übergehen. In diesen Regionen liegen Schwerpunkte der britischen Aufforstungsbemühungen sowie bedeutende Schafzuchtzentren.

Südlich von Glasgow bis zur nördlich von Edinburgh gelegenen Halbinsel Fife

reicht das mittelschottische Tiefland. Auch hier gibt es Landwirtschaft und Viehzucht, es produzieren aber auch an die 400 Firmen Computer. Die PC-Ausfuhr ist für Schottland Exportschlager Nr. 1 geworden und hat den Whisky auf den zweiten Rang verwiesen.

An diesen Industriegürtel schließt sich ohne großen Übergang die sagenhafte schottische Bilderbuchlandschaft an, das zentrale raue Hochland, die **Grampian Mountains**. Im Südwesten dieser Highlands ragt der *Ben Nevis* in die Wolken, der mit 1343 m höchste Berg der Britischen Insel. Hier fallen jährlich sage und schreibe an die 4500 mm Niederschlag – und zwar mitunter schon mal im August als Schnee. Die atlantischen Böen jagen mit solchen Geschwindigkeiten daher, dass selbst in sehr geschützten Gegenden die Baumgrenze unter 600 m liegt. In offenem Gelände wachsen schon unterhalb von 200 m nur noch biegsame Büsche oder Flechten und keinerlei Bäume mehr. Die Vegetation ist arktisch-alpin geprägt, während der Wintermonate herrscht hier Dauerfrost. In den nordöstlichen Grampians erreichen die aus rotem Granit aufgefalteten *Cairngorm Mountains* Höhen bis zu 1240 m. Hier ist die Landschaft nicht ganz so rau, die Berge und Hügel sind weicher geschwungen, Berglandheiden und Hochmoorebenen bestimmen das Bild. In den liebli-

Links oben: *In den Straßen von Aberdeen steht die Zeit nicht still*
Links unten: *In den Grampian Mountains eröffnen sich Ausblicke von fantastischer Schönheit*
Oben: *Sanft dehnen sich im Süden die fruchtbaren Hügel der Ochil Hills*
Unten: *Hotel Ballachulish bietet Schlossromantik*

chen Seitentälern des River Spey brennt eine ganze Anzahl von Destillen den guten reinen Malz-Whisky und die ausgedehnten Forste rechts und links des Flusses gehören zu den größten zusammenhängenden Waldgebieten Schottlands.

Die Grampians enden am *Great Glen*, dem von Inverness im Norden bis Fort William im Süden diagonal durch Schottland reichenden Aufbruchgraben, der von den drei tiefen Seen *Loch Ness*, *Loch Oich* und *Loch Lochy* gebildet wird.

Jenseits des Great Glen schließen sich die ebenfalls rauen nordwestlichen Hochlande an. Die Flora besteht aus Torfmoosen, Wollgräsern und Heide. Durch die einsamen Hochmoorebenen der **Northwestern Highlands** schweifen tatsächlich noch Wildkatzen. Hier leben, statistisch gesehen, nicht einmal neun Menschen pro km^2 – *Finis Scotiae*, wie die Römer die Gegend nannten, das Ende Schottlands ist erreicht.

Der Reiseführer

Dieser Band stellt das **Reiseland Schottland** in *sechs Kapiteln* vor. Der Autor beschreibt einsame Landschaften und lebendige Städte sowie Berg- und Küstenregionen. **Übersichtskarten** und **Stadtpläne** erleichtern die Orientierung. Besondere Empfehlungen zu Sehenswürdigkeiten, Hotels, Restaurants, Naturschönheiten etc. geben die **Top Tipps**. Den Besichtigungspunkten sind **Praktische Hinweise** mit Tourismusbüros sowie Hotel- und Restaurantempfehlungen angegliedert. Der **Aktuelle Teil** bietet alphabetisch geordnet Nützliches von Informationen vor Reiseantritt über Einkaufs- und Sportmöglichkeiten bis zu Verkehrsmitteln. **Kurzessays** und ein umfassender **Sprachführer** runden den Reiseführer ab.

Geschichte, Kunst, Kultur im Überblick

Gälische Stämme, schottische Clans, englische Heere – zwei Kronen und ein Monarch

Prähistorische Zeit

um 4000 v. Chr. Durch das Abschmelzen der eiszeitlichen Gletscher verschwindet die Landbrücke der Britischen Inseln zum Festland.

4000–2500 v. Chr. Neolithische Siedler erreichen vom Atlantik her die Küste Schottlands.

um 800 v. Chr. Hügelbefestigungen aus dieser Zeit lassen den Zuzug der ersten Kelten von Irland vermuten.

Das Detail einer piktischen Steinritzung kündet von reichen Jagdgründen

Römische Phase

54/53 v. Chr. Gaius Julius Caesar führt eine größtenteils erfolgreiche Invasion der britischen Inseln an.

122 n. Chr. Kaiser Hadrian lässt die Grenze des Römischen Reiches auf der Insel Großbritannien nach Norden hin mit dem 120 km langen Hadrianswall befestigen. Jenseits dieser Grenze zwischen den Mündungen von tyne und Solway leben die Pikten (lat. Bezeichnung für die vorkeltischen oder keltischen Stämme Schottlands; wörtlich ›die Bemalten‹).

143 Einen zweiten ›Limes‹, den Antoniuswall, errichten die Römer von der Forth-Mündung beim heutigen Edinburgh bis zum Clyde-Fjord beim heutigen Glasgow.

410 Die Römer verlassen die Britische Insel, um das von den Westgoten eroberte Rom zu befreien.

The Dark Ages – Britanniens dunkle Jahre

563 Der hl. Columban zieht mit einigen christlichen Brüdern aus Irland auf die vor der schottischen Westküste – dem damaligen Königreich Dalriada – liegende Insel Iona und gründet ein Kloster.

8. Jh. Die Wikinger beginnen ihre Raubzüge entlang der schottischen Küsten und dringen über die Flüsse auch immer wieder ins Landesinnere ein.

843 Kenneth MacAlpin von Dalriada († 858) eint die Stämme der aus Irland zugewanderten Scoten und der Pikten und avanciert zum ersten König von Schottland. Scone wird Hauptstadt.

Allmähliche Anglisierung Schottlands

1034 Trotz heftiger Thronstreitigkeiten – Macbeth (reg. 1034–40) ermordet König Duncan, Malcolm III. Canmore (reg. 1057–93) tötet Macbeth – bleibt die Einheit des Landes gewahrt.

Rätselhafte Relikte aus der Bronzezeit finden sich im ganzen Land

1068 Durch die Heirat von Malcolm III. Canmore (Großkopf) mit der Angelsächsin Margarete, Schwester des englischen Thronanwärters Edgar, kommt es zur schrittweisen Anglisierung Schottlands. Die drei Söhne von Malcolm und Margarete – Edgar (reg. 1097–1107), Alexander I. (reg. 1107–24) und David I. (reg. 1124–53) – verflechten die schottischen Geschicke noch enger mit denen Englands. Vor allem während der Herrschaft Davids, genannt ›der Heilige‹, hält das englisch-normannische Lehnswesen Einzug im hohen Norden der Insel.

1174 William I. der Löwe (reg. 1165–1214) muss im Vertrag von Falaise den englischen König als Lehnsherrn anerkennen. 1189 wird die Bindung jedoch wieder gelöst.

1237 Alexander II. (reg. 1214–49) akzeptiert die Tweed-Solway-Linie als schottische Südgrenze zu England. Diese Entscheidung beendet jedoch nicht die vielen Grenzgeplänkel.

1249–86 Herrschaft des letzten Canmore-Königs Alexander III. Schottland erlebt eine Phase des Friedens und der wirtschaftlichen Blüte. Alexander verbündet sich mit den Norwegern und verheiratet 1289 seine Enkelin Margarete mit König Erich II. Magnussen.

1263 Schlacht von Largs. Die Wikinger werden besiegt und für immer vertrieben. Die jahrhundertelange Angst vor den Nordmännern ist endgültig gebannt.

1286 Margarete – The Maid of Norway – wird nach dem Tod Alexanders von den Schotten als Königin anerkannt.

Angeblich sagten drei Hexen ▷ dem Macbeth die Wahl zum König voraus – und seinen Tod

Die schottischen Unabhängigkeitskriege

1290 Eduard I. von England gelingt es, Margarete mit seinem Sohn Eduard von Caernavon zu verheiraten, wobei im Vertrag von Birgham die schottische Unabhängigkeit von England zugesichert wird. Mit dem baldigen Tod Margaretes verstärken die Engländer jedoch den Druck auf ihren nördlichen Nachbarn.

1292 Durch Schiedspruch ernennt der englische König Eduard I. John Balliol (1249–1313) zum König von Schottland und lässt sich von ihm den Lehnseid leisten.

1296 Eduard leitet Hoheitsansprüche aus dem Lehnseid ab und überzieht Schottland mit Krieg. Bei seiner Rückkehr führt er den geraubten Krönungsstein *Stone of Scone* [s. S. 69] mit sich.

1297 Aufstand gegen England. In der Schlacht bei Stirling Bridge schlagen die Schotten unter Führung von William Wallace die englischen Truppen vernichtend.

1298 Als Vergeltung fallen die Engländer erneut in Schottland ein und siegen in der Schlacht von Falkirk.

1306 Der Widerstandskämpfer Robert Bruce wird König von Schottland. Er regiert bis 1329.

Der irische Mönch Columban predigte den heidnischen Schotten die christliche Lehre

1314 In der Schlacht von Bannockburn siegen Robert Bruce und sein Heer bei Stirling und setzen den stetigen englischen Einfällen ein Ende.

1320 Unter Federführung von Robert Bruce wird in der *Declaration of Arbroath*, der ›schottischen Unabhängigkeitserklärung‹, der englische Einfluss konsequent zurückgewiesen. Hier heißt es: »Wir kämpfen nicht für Ruhm oder Reichtum oder Ehre, sondern einzig und allein für die Freiheit. Nie und

nimmer werden wir uns englischer Herrschaft unterwerfen.«

1328 Im *Treaty of Northampton* akzeptieren die Engländer die Souveränität der Schotten. Dennoch geben die südlichen Nachbarn unter Eduard II. keine Ruhe und halten sich nicht an den Vertrag.

Die Herrschaft der Stuarts

1371–90 Durch die ungeschickte und passive Regierungsführung der beiden ersten Stewart-Könige, Robert II. und Robert III., verliert die schottische Krone innerhalb weniger Jahre an Ansehen. Die Dynastie ändert nach einigen Jahren die Schreibweise ihres Namens in Stuart. Spätere Stuart-Könige sind erfolgreicher. Mitglieder der Familie regieren bis 1714.

1468 Die Orkney- und Shetland-Inseln geraten als Brautgabe für Margarete von Dänemark in schottischen Besitz.

1488–1513 Jakob IV. stärkt die Verbindungen zum französischen Königshaus. Er heiratet Margaret Tudor, die Tochter des englischen Monarchen Heinrich VII., und beschert so Schottland eine friedliche Ära und einhergehend damit eine wirtschaftliche Blütezeit. Als Heinrich VIII. 1509 König von England wird, ändert sich dies. 1513 liegt Heinrich VIII. mit Frankreich im Krieg und verlangt von Schottland klare Entscheidungen. Als Jakob IV. loyal zu Frankreich steht, kommt es zur Schlacht von Flodden, in der der schottische König den Tod findet. Jakob V. besteigt den schottischen Thron.

1560 Seit 1542 predigt der fanatische schottische Reformator John Knox (ca. 1513–1572) in Schottland. Seine Anhänger plündern katholische Kirchen und brennen sie nieder. Dennoch setzt sich der Protestantismus in Schottland nicht durch. 1560 gründet Knox die *Church of Scotland*. Fortan spaltet ein Glaubenskrieg die Nation.

1561 Die 18-jährige Maria Stuart kehrt als Witwe von Frankreich zurück nach Schottland. Vier Jahre später heiratet sie ihren Cousin Lord Darnley.

1567 Der Sohn Maria Stuarts, der spätere Jakob VI., erblickt in Edinburgh Castle das Licht der Welt. Ein Jahr später muss Maria Stuart vor dem schottischen Adel nach England fliehen. Die dortige Herrscherin Elizabeth I. legt ihr für 18 Jahre Hausarrest auf. Nach einer aufgedeckten Intrige wird Maria 1587 hingerichtet.

Der karge Norden erfreute sich royaler Gunst: Königin Victoria war begeistert

1603 Nach dem Tod der englischen Königin Elizabeth I. wird der schottische Monarch Jakob VI. als Jakob I. auch Herrscher von England.

1640–49 In England tobt der Bürgerkrieg zwischen den Königstreuen und den Anhängern des Parlaments. Die schottischen National Covenanters ergreifen Partei gegen den englischen Herrscher Karl I.

1649 Oliver Cromwell (1599–1658) lässt Karl I. hinrichten. In Schottland wird dessen Sohn als Karl II. zum König ausgerufen. Cromwell marschiert daraufhin in Schottland ein, schlägt die Anhänger des neuen Königs und regiert nun als *Lord Protector* die Britischen Inseln.

1658 Nach dem Tod Cromwells kommt es zur Wiederherstellung des Königshauses.

1660 Karl II. wird englischer und schottischer Herrscher.

1707 Die großen wirtschaftlichen Schwierigkeiten Schottlands lassen sich nur mit einer *Union of the Parliaments* lösen: Schottland geht im Königreich Großbritannien auf.

Schottland im Vereinigten Königreich

1746 ›Bonnie Prince Charlie‹, Sohn des ins Exil getriebenen schottischen Königs Jakob VII., verliert mit seinen Jakobiten die Schlacht von Culloden, den letzten Kampf zwischen Schotten und Engländern. – Die Engländer versuchen, die schottische Kultur restlos auszumerzen und verbieten den Kilt, die gälische Sprache und das Dudelsackspiel.

1790 Eröffnung des Forth-Clyde-Kanals und damit einhergehend ein ökonomischer Aufschwung vor allem in Glasgow.

1814 Das schlimmste Jahr der *Land Clearances* [s. S. 92], auch *Year of the Burning* genannt. Großgrundbesitzer vertreiben die Hochland-Bauern von deren Ländereien, um Platz für ihre riesigen Schafherden zu bekommen. Viele Schotten wandern in die USA aus.

1842 Erster Schottland-Besuch von Königin Victoria. Die Monarchin ist begeistert von Land und Leuten. Es setzt eine ›Schottland-Renaissance‹ ein.

1928 In Großbritanniens Norden konstituiert sich die *Scottish National Party* (SNC), deren Ziel ein unabhängiges und von England autonomes Schottland ist.

Vor der Küste Aberdeens wird das ›Schwarze Gold‹ gefördert – für manche die Zukunft

ab 1945 Langsamer, aber systematischer Verfall der schottischen Wirtschaft.

1965 Das *Highland and Island Development Board* wird eingerichtet, um in den strukturschwachen Gebieten Schottlands die Wirtschaft anzukurbeln.

1966 Aberdeen avanciert zum zentralen Ölförderdrehkreuz für die Nordsee.

1974/75 Die bisherigen Verwaltungsgrenzen der alten *Counties* und *Burghs* werden aufgelöst und durch neun Regionen ersetzt.

1979 Nachdem 1978 das Londoner Parlament eine Teilautonomie für Schottland beschlossen hatte, fordert die SNC in einem Referendum die Unabhängigkeit Schottlands. Doch die erforderliche Mehrheit von 40 % der Stimmen kommt nicht zustande.

1987–92 Die Konservative Partei gewinnt zweimal die Parlamentswahlen. Die meisten Schotten hatten ›Labour‹ gewählt.

1994 John Smith, der beliebte Oppositionsführer der Labour-Partei, stirbt. Er wird auf der Klosterinsel Iona begraben.

1996 England gibt den vor genau 700 Jahren geraubten *Stone of Scone* an Schottland zurück.

1997 In einem durch Premierminister Tony Blair ermöglichten Referendum entscheiden sich die Schotten mit rund 75 % der abgegebenen Stimmen für ein eigenes schottisches Parlament.

1999 Im Juli eröffnet Königin Elizabeth II. das neu gewählte schottische Parlament. Es kann zukünftig über innerschottische Angelegenheiten und Einkommenssteuern entscheiden.

2000 Im schottischen Parlament findet erstmals eine zweisprachige Debatte um die Zukunft der gälischen Sprache statt.

2001 Die Labour-Party gewinnt mit überzeugender Mehrheit die Unterhauswahlen in Großbritannien.

2003 Schottisch (*Scots*) wird als regionale Sprache unterstützt und anerkannt.

2004 Der neue Parlamentsbau in Edinburgh wird im Herbst eingeweiht.

2005 Die noch aus dem Ersten Weltkrieg stammenden rigiden Pub-Öffnungszeiten werden aufgehoben. – Offizielle Anerkennung des Gälischen.

2006 In Schottland wird das Rauchen in geschlossenen öffentlichen Räumen verboten.

›The Scottish Parliament‹ – der 2004 eingeweihte Neubau gibt Anlass zu heißen Debatten

Herz, was willst du mehr – mit dem Frühling kehren die Knospen an die Küsten des ruhigen Loch Tummel nahe Pitlochry zurück

Unterwegs

The Borders – schottisch-englisches Grenzgebiet

Für die meisten Besucher ist Schottland ein Synonym für die rauen Highlands – das ist schade. Denn die **Lowlands**, sind mehr als nur der geographische Auftakt zu den Bergen des Nordens.

Das fruchtbare Gebietder Lowlands erstreckt sich zwischen England und dem schottischen Ballungsraum um die Großstädte Glasgow und Edinburgh. Ganz Schottland und vor allem der Süden gilt als Heimat des *Golfsports*. Nirgendwo sonst auf der Welt finden sich – umgerechnet auf die Bevölkerungszahl – so viele und so hervorragende Golfplätze. Kein Wunder, dass hier das Putten Spaß macht, zumal im westlichen Teil um Dumfries und Galloway, wo meistens ausgesprochen mildes Klima herrscht. Durchaus mit den landschaftlichen Schönheiten der Highlands kann sich beispielsweise das **Moffat Water Valley** messen, das neben seiner herrlichen Natur auch mit einer literarisch bedeutsamen Kneipe aufwarten kann.

Überdies ist der Süden Schottlands ein ideales Gebiet für eine geruhsame, mehrtägige *Wanderung*. Etwa auf dem 324 km langen **Southern-Uplands-Way**. Der offiziell längste Wanderpfad Schottlands schlängelt sich vom Hafenörtchen Portpatrick im Westen abseits der Straßen durch die leicht hügelige Gegend bis nach Cockburnspath an der Ostküste.

Viele Touren sind sehr schön mit dem Fahrrad zu unternehmen. Manche Besucher werden vielleicht den Aufenthalt auf einem der zahlreichen Reiter- oder Ponyhöfe vorziehen. Aber nicht nur für Golfer, Radler und Reiter ist Abwechslung geboten. Denn die Region ist nicht nur landschaftlich, sondern auch kulturell außerordentlich reich. Auf jeden Fall sollte man mindestens eine der vier Grenzlandabteien **Jedburgh**, **Kelso**, **Melrose** und **Dryburgh** besuchen. Sie liegen heute zwar in Trümmern, sind aber immer noch höchst beeindruckend. Gerade als Ruinen legen sie beredt Zeugnis ab von der jahrhundertelangen Feindschaft zwischen Schotten und Engländern.

Aus dem Süden stammen auch zwei der berühmtesten Schriftsteller, die Schottland hervorbrachte: Sir Walter Scott und der schottische Nationalbarde Robert Burns. Der erste hatte seine Wurzeln im selbstentworfenen Schlösschen **Abbotsford** bei Melrose. Der zweite wurde in **Alloway** bei Ayr geboren und verbrachte seinen frühen Lebensabend trinkend in der alten Taverne ›The Globe‹ in **Dumfries**.

Sozialgeschichtlich interessierte Besucher wird es weiter hinein in die Lowther Hills ziehen, etwa in das nach wie vor bewohnte Museumsdorf **Wanlockhead**, das anschaulich über den Bleibergbau berichtet, der hier rund 300 Jahre lang betrieben wurde. Einen Rundgang sollte man auch in **New Lanark** nicht versäumen, denn dort erzählen restaurierte Baumwollspinnereien und eine beispielhafte Arbeitersiedlung von den gleichermaßen kapitalistischen wie sozialen Ansätzen zu Zeiten der Industrialisierung. Immerhin ist der kleine Ort im abwechslungsreichen und malerischen Tal des River Clyde dafür 2001 von der UNESCO in den Rang eines World Heritage, ›Erbe der Menschheit‹, erhoben worden.

1 Gretna Green

Das legendäre ›Dorf der Liebespaare‹ zieht immer noch in Scharen Eheleute an – und solche, die es werden wollen.

Wohl die meisten Besucher, die Schottland von England aus betreten, überqueren die Grenze bei Gretna Green. Das 3000-Seelen-Dorf ist weithin bekannt – ist die Geschichte des Ortes doch eine vermeintlich romantische. Denn als im 18. Jh. **heimliche Hochzeiten** junger Leute unter 21 Jahren in England verboten wurden, waren sie in Schottland zulässig, sobald die Ehewilligen 16 Jahre alt waren. Die Zeremonie nahm der Dorfschmied über seinem Amboss vor. Bald standen geflohene Liebespaare in dem günstig gelegenen Grenzdörfchen Schlange. Der Ansturm nahm derartige Ausmaße an, dass 1857 ein Gesetz erlassen wurde, wonach einer der beiden Eheleute mindestens 21 Tage auf schottischem Boden verbracht haben musste. Ein Parlamentsbeschluss verbot dann 1940 derartige Hochzeiten in Gretna Green.

Zu besichtigen ist in dem viel besuchten Ort die niedrige, weiße, reetdachgedeckte **Schmiede**, in der einst alles begann. Hochzeitspaare aus dem Umland lassen sich nach ihrer Trauung gerne vor dem traditionsreichen Gemäuer fotografieren und filmen – das soll Glück bringen.

An die ›historische‹ Stätte ist das *Old Blacksmith's Shop Centre* (Sommer tgl. 9–20, Winter tgl. 9–17 Uhr) angegliedert, das u. a. ein Kutschenmuseum, verschiedene Läden, einen Spielbereich für Kinder und einen Tierpark bietet.

i Praktische Hinweise

Information

TIC, Old Blacksmith Shop, Gretna Green, Tel. 0 14 61/33 78 34

2 Jedburgh

Imposante Abteiruinen zeugen von schlachtenreicher Vergangenheit. Die heutigen Kämpfe sind spielerischer.

Die Vergangenheit des Städtchens ist bestimmt durch das **Kloster**, dessen Bau 1138 David I. für französische Augustinermönche in Auftrag gab. 1153 wurde sein Sohn in der Abteikirche als Malcolm IV. zum König von Schottland gekrönt, und 1285 stand Alexander III. mit seiner Frau Jolande hier vor dem Traualtar. Nach etlichen vorherigen Angriffen zerstörten englische Truppen unter dem Earl of Hertford 1545 die geistige Stätte endgültig. Die Attacken der Engländer richteten sich gegen die Klöster als *wirtschaftliche Zentren* des Landes. Sie zu vernichten hieß, systematisch Hunger, Elend und Not im Land zu verbreiten.

Wer es mit dem ehelichen Glück eilig hatte, war in Gretna Green schon immer an der richtigen Adresse. Der Boom ist ungebrochen und das ›Kuss-Tor‹ wird rege genutzt

Immer noch beeindruckend – die Abteikirche von Jedburgh. Im nächtlichen Scheinwerferlicht könnte man beinahe vergessen, dass sie seit rund 450 Jahren in Trümmern liegt

Von den vier großen Grenzlandabteien ist die von Jedburgh noch am besten erhalten. Das Kloster freilich ist bis auf die Grundmauern zerstört, aber man erahnt die einstige Pracht der aus rotem Sandstein erbauten **Abteikirche**. Ihr Hauptschiff blieb erhalten, und in den drei Geschossen reihen sich die Arkaden aneinander – Bogen neben Bogen. Ein kleines *Visitor Centre* (April–Sept. tgl. 9.30–18.30, sonst bis 16.30 Uhr) gibt dem Besucher mit ausgewählten Exponaten und einer audiovisuellen Show Auskunft über das einstige Kloster.

In Jedburghs beschaulichem Dorfkern darf man einen Besuch im **Queen Mary's House** (März–Nov. Mo–Sa 10–17, So 11–16.30 Uhr) nicht auslassen. Hier lag 1566 Maria Stuart krank darnieder und kämpfte mit dem Tod. Ein Gewaltritt nach Hermitage Castle gute 20 km südwestlich zum verletzten Geliebten Bothwell hatte die Gesundheit der zarten Königin zerrüttet. Einige Ausstellungsstücke machen mit der Ära von *Mary, Queen of Scots*, vertraut [s. S. 60].

Zwei große Ereignisse ziehen jährlich Abertausende von Besuchern in das kleine Städtchen. In den ersten beiden Juliwochen findet das **Common Riding** oder das *Callant's Festival* statt, zu dem die Bürger Jedburghs auf ihre Pferde steigen und die Gemeindegrenzen abreiten. Der Brauch geht auf Zeiten zurück, in denen die Engländer öfter plündernd und marodierend in das Land einfielen.

Denselben Ursprung hat das zweite große Fest, das so genannte **Hand Ba Game**, das in unregelmäßigen Abständen stattfindet. Zwei Mannschaften, die *Uppies*, die oberhalb des Marktkreuzes geboren sind, und die *Doonies*, die unterhalb davon geboren sind, spielen mit einem strohgefüllten Ball. Das runde Leder symbolisiert den Kopf eines Engländers. Es gewinnt das Team, das als erstes den Ball ins Ziel bringt. In Schottland wird dieses Spiel sonst nur noch in Kirkwall auf der Orkney-Insel Mainland gespielt.

i Praktische Hinweise

Information

TIC, Murray's Green, Jedburgh, Tel. 018 35/86 34 35, Fax 018 35/86 40 99

Hotels

*****Glenfriars House**, The Friars, Jedburgh, Tel. 018 35/86 20 00, Fax 018 35/86 21 12, www.edenroad.demon.co.uk. Sympathisches viktorianisches Haus mit Aussicht über die Hügel der Borders.

*****Kenmore Bank Guest House**, Oxnam Road, Jedburgh, Tel./Fax 018 35/86 33 40, carol.hutchens@btopenworld.com. Charmanter Familienbetrieb; etwas außerhalb, aber mit schönem Blick aufs Umland.

3 Kelso

Georgianisches Stadtambiente in den Flussauen am River Tweed.

Der sympathische und atmosphärereiche Marktflecken schmiegt sich an die Ufer des River Tweed und rühmt sich der Lobeshymnen von Sir Walter Scott, nach denen »Kelso das schönste, wenn nicht romantischste Dorf in ganz Schottland« ist. Dieser Meinung kann man sich durchaus anschließen, denn das Stadtbild zeigt sich im einheitlich georgianischen Stil. Das sieht der Besucher besonders gut von der fünfbogigen, den Tweed überspannenden **Kelso Bridge** aus. Die Brücke von 1803 ist ein verkleinertes Abbild der Waterloo Bridge in London, die derselbe Baumeister John Rennie einige Jahre später realisierte.

Kelso Abbey wurde von den Engländern gründlich vernichtet. Sogar große Ruinen sucht man vergebens. Nachdem 1128 wiederum David I. das Kloster für französische Mönche ins Leben gerufen hatte, wurde 1460 Jakob III. in der Kirche gekrönt. In einem Zug mit Jedburgh zerstörte 1545 der Earl of Hertford mit seinen Truppen Kelso Abbey.

Ein wenig westlich der Stadt liegt mit **Floors Castle** (April–Okt. tgl. 10–16.30 Uhr) der Stammsitz derer von Roxburgh. Das ursprünglich schlichte georgianische Landhaus von 1721 wurde ab 1837 im mit Zierelementen überladenen Neotudor-Stil umgebaut, sodass es von Zinnen, Zwiebelkuppeln, Türmchen, Wasserspeiern, Kaminreihen und Figurengruppen nur so strotzt. Solch ein erdrückender Gesamteindruck setzt sich aber im Innern nicht fort, wo umfangreiche Sammlungen französischer Möbel, von Wandteppichen und Porzellan zu sehen sind.

Im Park des Schlosses markiert ein Baum jene Stelle, an der Jakob II. im Jahr 1460 bei der Belagerung des am anderen Flussufer liegenden Roxburgh Castle starb.

Die Ruinen der Abtei von Dryburgh können einen romantischen Geist wohl inspirieren

Praktische Hinweise

Information

TIC, Town House, The Square, Kelso, Tel. 015 73/22 34 64

Hotels

*****Cross Keys Hotel**, 36–37 The Square, Kelso, Tel. 015 73/22 33 03, Fax 015 73/ 22 57 92, www.cross-keys-hotel.co.uk. Zentral gelegen und überdies in einer ehem. Kutschstation untergebracht.

*****Queens Head Hotel**, 24 Bridge Street, Kelso, Tel. 015 73/22 46 36, Fax 015 73/ 22 44 59, www.queensheadhotelkelso.com. Hotel in alter Kutschstation.

Pubs

Black Swan Inn, Horsemarket, Kelso. Traditionsreiche Kneipe im Ort.

White Swan Inn, Woodmarket, Kelso. Gemütliches Bierlokal mit Garten.

4 Dryburgh Abbey

In der ›romantischen Ruine‹ der Abtei fand Sir Walter Scott seine letzte Ruhestätte.

In einer großen Schleife des River Tweed liegen inmitten flacher Flussauen die Reste des aus rötlichem Sandstein erbauten **Klosters**.

Sir Walter Scott [s. S. 22] war so begeistert von Dryburgh Abbey, dass er die Abteiruine zu seinem Begräbnisplatz erkor. Im nördlichen Querschiff findet sich der einfache steinerne *Sarkophag* des großen schottischen Schriftstellers.

Gegründet wurde das Kloster von Dryburgh um 1150 von Hugh de Morville für Prämonstratenser aus Alnwick in Northumberland. Das Schicksal der Abtei ist eng mit dem von Melrose verbunden. 1322 und 1385 zerstörten die Engländer die heilige Stätte, die jedoch jedes Mal sofort wieder aufgebaut wurde. Aber nach den Verwüstungen von 1544 wurde Dryburgh Abbey verlassen.

Sein Herz schlug für sein Heimatland

Sir Walter Scott – glühender Nationalist und begnadeter Schreiber

Der Mann, der Schottland in aller Welt bekannt machen sollte, wurde 1771 in Edinburgh geboren.

Er studierte Jura und arbeitete auch einige Jahre als Rechtsanwalt. Schon früh, 1802/03, veröffentlichte er die von ihm gesammelten **Balladen** der schottisch-englischen Grenzregion in dem dreibändigen Werk ›**Minstrels of the Scottish Borders**‹. Kurz darauf legte er sein erstes Versepos ›Lay of the Last Minstrel‹ vor. 1808 erschien sein romantisches Stück ›Lady of the Lake‹, das seinen Namen bekannt werden ließ und den Trossachs [Nr. 62] einen unerhörten Besucherandrang bescherte. Der endgültige Durchbruch gelang Scott sechs Jahre später mit dem Roman ›Waverly‹, den er zunächst unter einem Pseudonym veröffentlichte. Es folgten Romane wie ›Rob Roy‹ oder ›Ivanhoe‹. 1820 wurde der Schriftsteller **geadelt**.

Literarisch war Scott außerordentlich erfolgreich, wirtschaftlich weniger. Sein Verleger machte 1826 Bankrott und Scott stand mit Schulden von fast 130 000 Pfund da. Um sie abzuarbeiten, schrieb er einen historischen Roman nach dem nächsten. Als er schließlich schuldenfrei war, forderte die jahrelange **Überanstrengung** ihren Tribut. Scott näherte sich zunehmend einer totalen psychischen wie physischen Erschöpfung. Auf einer Reise durch Deutschland erlitt er einen Schlaganfall, an dessen Folgen er kurz darauf, im September 1832, in seinem geliebten Schloss Abbotsford starb.

Sucht man nach Dryburgh Melrose auf, darf man bei schönem Wetter auf keinen Fall am **Scott's View** vorbeifahren, der auf halbem Weg zwischen beiden Orten liegt. Sir Walter führte seine all Besucher zu diesem Aussichtspunkt, um ihnen die landschaftliche Schönheit der Lowlands zu präsentieren.

5 Melrose

Mit Scott dichtete Fontane: »Und willst du des Zaubers sicher sein/So besuche Melrose bei Mondenschein.«

Das reizende kleine Städtchen Melrose ist rund um die große **Abtei** gewachsen, von der heute leider nur noch Ruinen übrig sind.

Geschichte Wie bei Jedburgh und Kelso war es David I., der 1136 den Grundstein für das Kloster legte. Nach schlimmen Kriegszerstörungen 1322 und 1385 kamen 1544 die englischen Truppen des Earl of Hertford – und ein letztes Mal ging die Abtei in Flammen auf.

Nach dem Tod des großen schottischen Königs Robert Bruce (reg. 1306–29) fand seine sterbliche Hülle ihre letzte Ruhestätte zwar in der Abteikirche zu Dunfermline [Nr. 25], sein Herz aber wurde in Melrose bestattet. Tatsächlich entdeckten Archäologen 1920 im Kapitelhaus in einer Bleikiste ein mumifiziertes Herz.

Besichtigung Ungewöhnlich für ein Zisterzienserkloster sind die vielen Ausschmückungen an den Gebäuden der Abtei und das reiche Maßwerk in den Fenstern. Es scheint, als hätten die Steinmetzen in Melrose ihrer Freude an der Arbeit freien Lauf gelassen. Wer genau hinsieht, kann am Dach der Abteikirche in Stein gemeißelt ein dudelsackspielendes Schwein und einen flügelschlagenden Zentaur erkennen.

Zum Abschluss sollte man sich einen geruhsamen Spaziergang durch das angenehme Örtchen gönnen und ein Bier im Pub genehmigen.

Praktische Hinweise

Information

TIC, Abbey House, Abbey Street, Melrose, Tel. 018 96/82 25 55

Man muss kein Dichter sein, um sich von dem wehmütigen Zauber gefangen nehmen zu lassen, der von den Ruinen der einst so stolzen Abtei von Melrose ausgeht

Hotel

*****Burt's Hotel**, The Square, Melrose, Tel. 018 96/82 22 85, Fax 018 96/82 28 70, www.burtshotel.co.uk. Gemütliches kleines Haus im Ortszentrum.

Pub

The Ship Inn, Ecke Eastport/Market Square, Melrose. Kneipe mit Biergarten.

6 Abbotsford House

In dem selbst entworfenen Märchenschloss ließ sich Sir Walter Scott unter anderem zu seinem ›Ivanhoe‹ inspirieren.

Zwölf Jahre dauerten die Bauarbeiten an der **»Romanze in Stein und Mörtel«**, wie Sir Walter sein Haus einmal nannte. 1812

Mit Abbotsford House erfüllte sich Sir Walter seinen lang gehegten Wunsch

So oft wie möglich genoss Sir Walter vom Scott's View aus den weiten Blick ins Land

In Abbotsford House scheint die Zeit vor gut 150 Jahren stehen geblieben zu sein

war es dann endlich soweit und der damals noch nicht geadelte Schriftsteller konnte in das Schlösschen mit Turm und vielen Erkern, Zinnen und einer Kuppel einziehen.

Dieser üppige Baustil wurde als *Baronial Style* nicht nur in Schottland sehr beliebt. Nachdem Wehr- und Aussichtstürme, Schießscharten und Zinnen ihre militärische Notwendigkeit verloren hatten, kehrten sie nun in verspielter Form als architektonische Zierelemente wieder.

Scott sammelte alles, was ihm in die Finger kam. Zunächst Bücher, von denen in seiner berühmten Bibliothek fast 10 000 stehen, dann vor allem Waffen, z. B. aus den englisch-schottischen Schlachten von Culloden und Flodden. Außerdem besaß er eine Locke von Bonnie Prince Charlie [s. S. 118], dessen *Quaich* (Whiskybecher), das mit Perlen verzierte Kruzifix, das Maria Stuart zu ihrer Hinrichtung getragen hat, einen Kleiderverschluss Napoleons I., ein Hafermehlplätzchen aus der Tasche eines toten Highlanders in Culloden usw. Die gesammelten Kostbarkeiten sind heute in Abbotsford (www.scottsabbotsford.co.uk, April–Okt. Mo– Sa 9.30–17, So 14–17 Uhr) zu besichtigen. Sir Walter benannte sein ›Traumhaus‹ übrigens nach den früheren Grundbesitzern, den Äbten von Melrose.

7 Moffat Water Valley

Die anmutige Landschaft legt es Besuchern nahe, das Auto stehen zu lassen und nach Herzenslust zu wandern.

Eine der schönsten Landschaften im südschottischen Hügelland ist zweifellos das Moffat Water Valley. Es erstreckt sich zwischen dem See St. Mary's Loch und dem kleinen Kurort Moffat an der A 708. Die erste Attraktion ist der aus einer Höhe von rund 80 m in die Tiefe rauschende Wasserfall **Grey Mare's Tail** nahe beim südlichen Seeufer. Vor allem nach ergiebigen Regenfällen donnert ein mächtiger Wasserschwall gischtsprühend hinab. Mit etwas Fantasie sieht er tatsächlich aus wie der lang herabhängende Schweif einer grauen Mähre. Auf zwei Wegen kann man sich dem Naturschauspiel nähern. Ein kurzer Pfad führt nach wenigen Gehminuten bis nahe an den Fuß der Kaskade, ein anstrengenderer Weg verläuft die Hügelschulter hoch und bringt den – geübten! – Wandersmann hoch zur Abbruchkante des Falls.

Weiter geht die Fahrt auf der A708 durch das immer enger werdende Tal: Steil und rau steigen die Hügelhänge auf, Schafe grasen beschaulich an den Fahrbahnrändern und ein flaches, leise murmelndes Flüsschen läuft einige Zeit parallel zur Straße.

Wer Durst auf ein Bier verspürt oder literarischen Reminiszenzen nachspüren möchte, für den ist das **Tibbie Shiel's Inn** nahe des sehr schönen St. Mary's Loch ein Muss. Isabella Richardson (1781–1878), die frühere Wirtin, versammelte in ihrem langen Leben viele bekannte Autoren in dem Pub und war berühmt für ihre literarischen Zirkel. Bei ›Tibbie‹, wie sie genannt wurde, trank neben Thomas Carlyle, Sir Walter Scott und Robert Louis Stevenson auch ein gewisser James Hogg (1770–1835) regelmäßig seinen Whisky. Unter dem Namen *Ettrick Shepherd*, der Schäfer vom Ettrick, schrieb er gefühlvolle, anrührende Gedichte. Dem armen Poeten ist nahe bei Tibbies Taverne, ein wenig abseits der Straße, in einem kleinen Hain ein Denkmal gesetzt.

i Praktische Hinweise

Information

TIC, Unit 1, Ladyknowe, Moffat, Tel. 016 83/22 06 20

Pflücken verboten! Überdies stehen die üppig blühenden Sumpfblumen oft auf trügerischem Boden – da ist etwas Abstand anzuraten

8 New Lanark

Hier kann man ein Stück schottischer Sozialgeschichte hautnah erleben.

New Lanark, der südliche Vorort der Kleinstadt Lanark, ist eines der ersten geplant angelegten **Manufakturdörfer** der industriellen Revolution.

Ende des 18. Jh. nahm die Baumwollindustrie auch in Schottland großen Aufschwung. Die im Jahre 1785 von Richard Arkwright und David Dale gegründete Fabrik an den Ufern des Clyde zählte bald zu den größten Tuchmanufakturen im Land. Als 1799 der junge *Robert Owen* (1771–1858), Dales Schwiegersohn, in die Geschäftsleitung eintrat, waren in New Lanark mehr als 2000 Menschen beschäftigt. Owen führte die Anlagen rasch zu noch größerem wirtschaftlichen Erfolg. Einen Teil der exorbitant hohen Gewinne steckte der Utopist und Sozialreformer in für die damalige Zeit ungewöhnliche Projekte. Er ließ einen Kindergarten sowie größere Wohnungen für die Arbeiterfamilien erbauen, gründete eine Lebensmittelgenossenschaft, einen Rentenfond, eine Krankenstation sowie das ›Institute of the Formation of Character‹ *(›Institut zur Bildung des Charakters‹)*. Hinter der etwas schwerfälligen Bezeichnung verbarg sich eine Schule für die Kinder der Fabrikarbeiter. Vom sechsten bis zum zehnten Lebensjahr bekamen sie hier eine solide Grundschulausbildung, traten dann in die Spinnerei ein, drückten

Die Arbeitersiedlung von New Lanark war zu ihrer Zeit revolutionär

aber nach der Arbeit noch einmal für zwei Stunden die Schulbänke in einer Abendschule.

Im sozialfeindlichen Großbritannien jener Tage und in ganz Europa waren diese Maßnahmen zugunsten der Arbeiter eine Sensation ohnegleichen. Die britische Regierung jedoch war ganz auf den menschenverachtenden Manchesterkapitalismus fixiert und nicht bereit, solche sozialen Errungenschaften im ganzen Land einzuführen.

Bis 1968 wurde in New Lanark Baumwolle verarbeitet, dann schlossen sich die Fabriktore und die Gebäude verfielen. Anfang der 90er-Jahre des 20. Jh. begann der *New Lanark Conservation Trust* mit der Renovierung der alten Fabrikgebäude und mittlerweile ist der Ortsteil wieder eine bewohnte und lebendige Kommune. Im *Visitor Centre* (tgl. 11–17 Uhr) wird die faszinierende Geschichte von Robert Owen und der Textilfabriksiedlung, die seit 2001 zum UNESCO-Weltkulturerbe gehört, dokumentiert.

i Praktische Hinweise

Information

TIC, Horsemarket, Ladyacre Road, Lanark, Tel. 015 55/66 16 61, Fax 015 55/66 61 43, www.newlanark.org

9 Wanlockhead

Der früher so bekannte Weiler stand und steht ganz im Zeichen des Bergbaus.

Die Erinnerung an weniger menschenfreundliche Sozialgeschichte wird in diesem kleinen Dorf im Norden der rauen Lowther Hills gepflegt.

Im 16. Jh. wurde hier *Gold* abgebaut, das unter anderem in der Krone von Jakob V. verarbeitet wurde. Zwischen 1680 und den 50er-Jahren des 20. Jh. waren die *Wanlockheader Minen* die wichtigsten Bleilieferanten im gesamten Königreich. Die einstige Schmiede des Dorfes beherbergt heute das **Scottish Lead Mining Museum** (April–Okt. tgl. 11–16.30 Uhr). Die Ausstellung informiert über die Arbeitsbedingungen im Laufe der Jahrhunderte. Nach der Besichtigung wird man in einem **Stollen** mehrere hundert Meter tief in den Berg geführt, wo man sich ein Bild von der ungeheuer mühseligen Arbeit der Kumpels machen kann. Zwei kleine *Cottages*, die originalgetreu die Einrichtung aus den Jahren 1740 und 1890 zeigen, machen mit den Wohn- und Lebensbedingungen einer Bergmannsfamilie in jenen Tagen vertraut.

Wanlockhead ist übrigens mit 495 m Schottlands höchstgelegene Siedlung.

Gartenansicht – das prächtige Stammschloss des einflussreichen Douglas-Clans

10 Drumlanrig Castle

TOP TIPP *Auf einer weiten Rasenfläche ruht das prachtvolle Renaissance-Schloss wie auf grünem Samt.*

Bereits die Anfahrt durch ausgedehnte Wälder ist ein Genuss. *Drumlanrig Castle* (Mai/Juni tgl. 12–16, Juli/Aug. 11–16 Uhr), das in einem herrlichen Garten liegt, wirkt überraschend verspielt. Rechts und links der schneckenförmigen Freitreppe verlaufen Arkaden, darüber gliedern dorische Pilaster die Hauptfassade, und die symmetrisch gesetzten Fenster sind giebelgekrönt. Auf dem Dach über dem Eingangsportal sitzt in bestem *Baronial Style* eine *Herzogskrone*, die beiden flankierenden Treppentürme enden in großen Zwiebelkuppeln und den beiden Seitenflügeln sitzen Rundtürmchen keck auf.

William Bruce (1630–1710), der in Edinburgh bereits mit der royalen Residenz Holyrood Palace [s. S. 52] sein Können unter Beweis gestellt hatte, baute zusammen mit dem königlichen Meistersteinmetz Robert Mylne (1633–1710) das **verspielte Schlösschen** zwischen 1677 und 1689 für den 1. Duke of Queensbury. Das Innere ist genauso üppig gestaltet wie sein Äußeres: So beeindrucken den Besucher prachtvolles Mobiliar, auf den Tischen edles Porzellan und schwere Silbergarnituren, an den Wänden flämische Gobelins und Bilder der großen Porträtisten Godfrey Kneller, Anthonis van Dyck, Joshua Reynolds und Thomas Gainsborough. Ungewöhnlich ist, dass auch die Bediensteten der Familie gemalt wurden, so zeigt ein berühmtes Gemälde den Koch Joseph Florence bei der Arbeit.

11 Dumfries

Durch die malerischen Gassen zog weiland Robert Burns – auf der Suche nach Geld und Whisky.

Die kleine Verwaltungshauptstadt des County Dumfries and Galloway, die sich den klangvollen Namen *Queen of the South* gegeben hat, wird vor allem wegen des schottischen Nationaldichters **Robert Burns** (1759–1796) [s. S. 31] besucht. Er verbrachte hier die letzten fünf Jahre seines Lebens als Steuereintreiber. Das kleine **Robert Burns House** (April–Sept. Mo–Sa 10–17, So 14–17, Okt.–März Di–Sa 10–13 und 14–17 Uhr) in der Burns Street ist zu besichtigen. Dort sind viele Exponate aus seinem Besitz sowie Briefe, Manuskripte und Erstausgaben seiner Bücher ausgestellt. Eines der Fenster im Schlafzimmer sollte man genauer betrachten: Hier ritzte Burns mit einem Diamantring seinen Namenszug ins Glas.

Nur einen Steinwurf vom Haus entfernt befindet sich die 1745 aus rotem Sandstein erbaute *St. Michael's Church*, auf deren Kirchhof Burns und seine Frau Jean Armou rin einem kleinen weißen **Mausoleum** begraben sind.

Hauptgeschäftsstraße und Flaniermeile ist die verkehrsberuhigte High Street. Hier befindet sich auch **The Globe Inn** (www.globeinndumfries.co.uk), in dem der trinkfeste Robbie Burns bis zum Umfallen zechte und dabei den Whisky, seinen Durstlöscher und Ideengeber, unermüdlich pries: »Oh Du, meine Muse! Guter alter schottischer Trank! Feure mich an (...)!« In diesem Zusammenhang sei aber auch daran erinnert, dass Burns sich mit nur 37 Jahren zu Tode gesoffen hat.

TOP TIPP

Inmitten der High Street ragt ein hoher, reich dekorierter Turm auf, das ehemalige, *Midsteeple* genannte Rathaus von Dumfries aus dem Jahr 1707. Am nördlichen Ende der High Street ehrt eine schneeweiße *Statue* seit 1882 den berühmten schottischen Dichter Robert Burns in etwas pathetischer Pose – in einer Hand hält er einen seiner Gedichtbände, die andere drückt er an sein Herz.

Die sechsbogige Devorgilla Bridge, die im 15. Jh. eine ältere Holzbrücke ersetzte, überspannt den River Nith. Auf der anderen Flussseite informiert das *Old Bridge House Museum* (April–Sept. Mo–Sa 10–17, So 14–17 Uhr) über das Stadtleben in früheren Tagen und das nahe gelegene *Robert Burns Centre* (April–Sept. Mo–Sa 10–20, So 14–17, Okt.–März Di–Sa 10–13 und 14–17 Uhr) macht genauer mit dem Werk des Poeten vertraut. Im **Dumfries Museum** (April– Sept. Mo–Sa 10–17, So 14–17, Okt.–März Di–Sa 10–13 und 14–17 Uhr), einer ehemaligen, 300 Jahre alten Windmühle, sind geologische und archäologische Exponate mit weiteren Ausstellungsstücken zur Geschichte der Stadt und des Umlands zu sehen. 1836 wurde die Mühle zu einem Observatorium umgebaut, damit die Astronomen den Flug des Halley'schen Kometen genauer studieren konnten; das 20-cm-Teleskop stammt aus jenen Tagen.

Reich ausgestattet ist das Innere der St. Michael's Church in Dumfries

Auffällig ist das Mausoleum für Robert Burns auf dem Friedhof von Dumfries

Praktische Hinweise

Information

TIC, 64 Whitesands, Dumfries, Tel. 013 87/25 38 62, Fax 013 87/24 55 55, www.visitdumfriesandgalloway.co.uk

Hotels

*****Cairndale Hotel**, English Street, Dumfries, Tel. 013 87/25 41 11, Fax 013 87/25 05 55,www.cairndalehotel.co.uk. Familienbetrieb im Stadtzentrum.

*****Station Hotel**, 49 Lover's Walk, Dumfries, Tel. 013 87/25 43 16, Fax 013 87/25 03 88, www.stationhotel.co.uk. Angenehmes Hotel in einem schönen viktorianischen Sandsteingebäude.

Pubs

The Globe Inn, 56 High Street, Dumfries, Tel. 013 87/25 23 35. Stammlokal des Barden Robert Burns [s. S. 29].

Hole i' the Wa' Inn, High Street, Dumfries. Gemütlich, mit guten Bar Meals.

12 Threave Gardens und Threave Castle

Ein Garten zum Träumen und eine Burg zum Staunen.

Vier Bauernhöfe, rund 50 ha Wald und gut 26 km² Garten umfasst der Landschaftspark **Threave Gardens** (tgl. 9.30–18 Uhr) beim Örtchen Castle Douglas. 1948 wurde das Gelände dem *National Trust for Scotland* übereignet und seit 1960 können Besucher in dem liebevoll angelegten, großen Park herumspazieren und sich an der einheimischen Flora erfreuen. Alljährlich nimmt die *Threave School of Gardening* acht Studentinnen und Studenten auf, die sie über einen Zeitraum von zwei Jahren in Theorie und Praxis der Gartengestaltung ausbildet.

Nicht weit entfernt lohnt **Threave Castle** (April–Okt. Mo–Sa 9.30–18, So 14–18 Uhr) einen Besuch. Das in Ruinen liegende Tower House auf einer kleinen Insel im River Dee ist noch immer recht eindrucksvoll. Die kleine, rund 20 m hohe Burg mit ihren bis zu 2,40 m dicken Mauern ließ im 14. Jh. Archibald der Grimmige, der 3. Earl of Douglas, erbauen. Seitdem war die Festung Sitz der Douglas-Familie. 1640 zerstörten Protestanten im Zuge der schottischen Religionsstreitigkeiten den befestigten Wohnturm. Das *Tower House* ist von einem Parkplatz nach einem viertelstündigen Spaziergang erreicht. An der Anlegestelle macht man sich dann mit einer Glocke beim Fährmann bemerkbar, der den Besucher über den Fluss bringt.

13 Stranraer

Der Fährort ist Knotenpunkt menschenreicher Touristenströme.

Der einstige Marktflecken am Ende des tief ins Landesinnere reichenden Fjords Loch Ryan lebt fast ausschließlich von seinem geschäftigen Hafen. Je nach Saison verkehren bis zu acht **Autofähren** pro Tag nach Larne in Nord-Irland, außerdem gibt es einen Hovercraft-Service nach Belfast. Auch das Örtchen Douglas auf der Isle of Man wird mit einem Fährdienst von Stranraer aus bedient. Bis zur Abfahrt der Fähre kann man sich im **Castle of St. John** (Ostern–Sept. Mo–Sa 10–13 und 14–17 Uhr), einem ehem. Tower House aus dem Jahr 1510, über die Geschichte der kleinen Befestigung als Gefängnis und Polizeistation informieren und zum Abschluss vom hohen Turm einen weiten Blick über Stadt und Hafen genießen.

Praktische Hinweise

Information

TIC, Burns House, 28 Harbour Street, Stranraer, Tel. 017 76/70 25 95, Fax 017 76/88 81 40

Unterkunft

Harbour Guest House, 11 Market Street, Stranraer, Tel. 017 76/70 46 26, www.harbourguesthousestranraer.co.uk. Kleine Pension direkt am Hafen.

Pub

Golden Cross, George Street, Stranraer. Empfehlenswert sind die Bar Meals.

14 Girvan
Ailsa Craig

Sandstrand und Uferpromenade bieten Abwechslung, Spiel- und Badefreuden.

Man kann nicht gerade behaupten, dass das kleine Seebad Girvan übermäßig viel Charme und Atmosphäre besitzt, vor allem nicht am Hafen, wo sich buntblinkende *Bingo Halls* und grelle *Amusement Pavilions* aneinander reihen.

Die Küste ist hier sehr flach und die Wellen rollen langsam auf den langen **Sandstrand** zu. Die *Bucket and Spade Brigade*, wie die mit Eimerchen, Förmchen und Schäufelchen bestückten Kleinkinder im Englischen gerne genannt werden, findet hier gute und vor allem sichere Bade- und Strandvergnügungen.

Ailsa Craig

Während der Saison verkehren täglich Boote zu dem kleinen gegenüberliegenden Eiland Ailsa Craig – gälisch für **Elfenfelsen**. Die Insel mit ihren steilen Klippen und dem über 350 m hohen Gipfel ist in Privatbesitz und ein Refugium für viele Seevögel; *Puffins* (Papageientaucher), die unentwegt ihren englischen Namen *Kittiwake* rufende Dreizehenmöwe, *Razorbill* (Tordalk), *Guillemot* (Trottellumme), *Storm Petrel* (Sturmschwalbe) und *Great Shearwater* (Großer Sturmtaucher) flattern aufgeregt umher und besonders viele *Nothern Gannet* (Basstölpel) nisten hier. Die Besucherboote legen an der Inseln nicht an, sondern umfahren sie nur. Hobbyornithologen sollten daher ein starkes Fernglas mitnehmen, um die Vögel gut erkennen zu können.

i Praktische Hinweise

Information

TIC, Bridge Street, Girvan, Tel. 014 65/71 49 50 (nur in der Saison)

Er schaute ›dem Volk auf's Maul‹

Der schottische Nationalbarde

Am 25.1.1759 erblickte **Robert Burns** im südschottischen Weiler Alloway als Sohn einer Landarbeiterfamilie das Licht der Welt. Der Vater versäumte nicht, seinem Stammhalter eine gute Ausbildung mitzugeben, und bald schon fing ›Robbie‹ an, in **schottischem Dialekt** Gedichte zu schreiben und Verse zu reimen.

Kaum erwachsen, bewirtschaftete er zusammen mit seinem Bruder einen Bauernhof, begann das Saufen und stürzte sich in so unglückliche Liebesaffären, dass er die Auswanderung nach Jamaika beschloss. Doch da erreichte ihn die Nachricht, dass ein Verleger seinen Band ›Poems Chiefly in the Scottish Dialect‹ akzeptiert hatte und drucken wollte. Robert Burns wurde innerhalb kurzer Zeit in ganz Schottland zu einem bekannten Mann. Die Kritiker lobten seine Verse und nannten ihn den ›Bauer mit den himmlischen Eingebungen‹. Sein Liedtext ›My heart is in the Highlands‹ (1790) gilt nach wie vor als **Inbegriff schottischen Nationalgefühls**. In der Folgezeit schrieb Burns weitere Versepen und Gedichte. 1791 wurde er Steuereintreiber in Dumfries und hatte zum ersten Male gesicherte finanzielle Einkünfte. Hier schmiedete er die kraftvollen, aus dem prallen Leben gegriffenen Zeilen seiner berühmtesten Ballade ›**Tam O'Shanter**‹. Am 21. Juli 1796 starb Robert Burns, vom Alkohol geschwächt, im Alter von 37 Jahren an einem rheumatischen Fieber.

15 Kirkoswald

Vier lebensnahe Figuren halten hier die Erinnerung an den schottischen Nationaldichter aufrecht.

In dem 320 Einwohner zählenden Weiler lebten einst die **beiden Freunde** und Zechkumpane von Robert Burns [s. S. 31]: John Davidson und Douglas Graham. Beide liegen auch auf dem Kirchhof begraben. Als Schuster *Souter Johnnie* und *Tam O'Shanter* hat Burns die zwei in seinen Werken unsterblich gemacht. In einem niedrigen weißen *Cottage* an der Durchgangsstraße des Örtchens ist eine kleine Ausstellung (Ostern–Okt. Fr–Di 11.30–17 Uhr) zu dem schottischen Nationalbarden eingerichtet. Die eigentliche Attraktion allerdings befindet sich im Garten dahinter. Dort sitzt eine lebensgroße **Figurengruppe** beim fröhlichen Zechen zusammen. Die Steinskulpturen – Souter Johnnie, Tam O'Shanter, der Kneipenwirt und dessen Frau – schuf 1802 ein Bildhauer aus dem Ort, wie sie Robert Burns in einem Vierzeiler beschrieben hatte.

16 Culzean Castle

TOP TIPP

Ein Abbild der viel besuchten trutzigen Burg schmückt die 5-Pfund-Noten der Bank of Scotland.

Nicht weit von Kirkoswald thront hoch über dem Meer herrschaftlich und unnahbar **Culzean Castle** (Ostern–Okt. tgl. 10.30–17 Uhr) und gibt sich martialisch. Runde Eck- und Seitentürme, aufgesetzte Ausguckerker, Zinnen, Schießschartenfenster, Brustwehren, selbst noch die Terrassenmauer erinnern an einen mächtigen Schutzwall. Von 1777 bis zu seinem Tod 1792 baute Schottlands berühmtester Architekt, Robert Adam, dieses Meisterwerk des damals beliebten Burgenstils für den 10. Earl of Cassilis. Außen rau und kriegerisch, innen sehr elegant, so liebte es der Adel in jenen Tagen. Unübertroffen schön ist der ovale Treppenaufgang mit den Säulenpaaren, ästhetisch bis zu den Fußleisten der runde Salon.

Im Jahre 1945 gab die Familie das Haus an den *National Trust for Scotland*. Seitdem wird regelmäßig ein teil der Gemächer hochrangigen Persönlichkeiten auf Schottland-Besuch zur Verfügung gestellt.

Der ausgedehnte Garten um Culzean Castle war der erste schottische Country Park

Culzean Castles ovaler Treppenaufgang schafft einen stimmungsvollen Einstieg

Culzean Castle ist von einem 250 ha großen **Country Park** umgeben. Ein *Visitor Centre* (Ostern–Okt. tgl. 9.30–17.30, Nov.–März Sa/So 11–16 Uhr) informiert über die Anlage. Geruhsame Spaziergänge oder ein Picknick in dem prächtigen Park sollte man nicht auslassen.

17 Alloway

Geburtsort des bekanntesten, trink- und sinnenfreudigen schottischen Mundartdichters.

In dem kleinen südlichen Vorort von Ayr lockt der **Burns National Heritage Park** (www.burnsheritagepark.com, tgl. 9.30–17.30 Uhr) zu einem Spaziergang. Hier in Alloway erblickte der Schotten liebster Dichter Robert Burns 1759 das Licht der Welt. Das niedrige weiße, reetgedeckte *Cottage* (April–Sept. tgl. 10–17.30, sonst bis 17 Uhr) an der kleinen B 7024, in dem die Burns-Familie zusammen mit ihren Kühen unter einem Dach lebte, ist zu besichtigen und zeigt Einrichtungsgegenstände aus jener Zeit. In der Nähe informiert das *Museum* (April–Sept. tgl. 10–17.30, sonst bis 17 Uhr) über Leben und Werk des Barden. Etwa einen halben Kilometer weiter erhebt sich auf einem kleinen Hügel das klassizistische *Burns-Denkmal* (April–Sept. tgl. 9.30–17, sonst 10–16 Uhr). Von hier hat man einen ausgezeichneten Blick auf die **Brig O'Doon**, auf das Bogenbrücklein über den River Doon, das in Burns berühmtester Ballade ›*Tam O'Shanter*‹ eine wichtige Rolle spielt. Besagter Tam ist ein Schluckspecht sondergleichen, der in einer sturmgepeitschten Nacht volltrunken auf seinem Pferd Meg nach Hause reitet. Am Kirchhof von Alloway wird Tam von Hexen verfolgt. Er galoppiert, verfolgt von den kreischenden Weibern, auf die Brücke über den Doon zu – Hexen können nämlich keine fließenden Gewässer überqueren. Doch beim verzweifelten Satz von Meg auf die Brücke hatte eine der Hexen den Schweif des Pferdes gepackt. So heißt es in den letzten Zeilen der Ballade: »Ein Sprung noch – Tam ist neugeboren:/Doch ging Megs Schwanz dabei verloren. Die Hex' behielt ihn in der Hand,/Und Meg mit blankem Arsch da stand.«

Ende Mai sind in Alloway jedes Jahr aufs Neue die Hexen los, wenn das TOP TIPP **Burns Festival** (www.burnsfestival.com) gefeiert wird, zu dem regelmäßig viele tausend Besucher kommen.

18 Ayr

Hierher lockt ein langer weißer Sandstrand und erneut die Erinnerung an Robert Burns.

Mit rund 50 000 Einwohnern ist Ayr die größte Stadt an der Firth of Clyde-Küste. In früheren Jahrhunderten konkurrierte die regionale Metropole sowohl an Größe wie auch an Bedeutung mit Glasgow und trieb prosperierenden Handel mit Frankreich. Mit dem Niedergang der des Überseehandels wandelte sich Ayr zu einer zentralen **Marktstadt**, in der die landwirtschaftlichen Produkte der Umgebung verkauft wurden. Im letzten Jahrhundert entdeckten die Mittelklasse-Viktorianer das Städtchen mit dem breiten, langen Sandstrand und Ayrs Karriere als *Seaside Resort* begann. Ein **Seebad** ist die Stadt noch heute und ein Spaziergang entlang der Strandpromenade ist sehr zu empfehlen. Zudem hat Ayr eine bekannte *Pferderennbahn*, auf der alljährlich im April das *Scottish Grand National* ausgetragen wird sowie der *Ayr Gold Cup*.

Großartige Sehenswürdigkeiten gibt es nicht, da die Viktorianer so gut wie alle mittelalterlichen Gebäude abgerissen haben. An frühere Zeiten erinnert einzig die **Auld Brig**, eine kleine Brücke aus dem 13. Jh. Auch ihr drohte der Garaus, doch Robert Burns hatte sie erfreulicherweise mit seinem Gedicht ›*Twa Brigs*‹ zu bekannt gemacht. Mit internationalen Spendengeldern konnte die kleine Flussüberspannung 1907 restauriert werden.

In der High Street lockt die Kneipe **Tam O'Shanter Inn**, in der Burns bevorzugt becherte, wenn er in Ayr war. Hier begann auch der volltrunkene Tam seinen Ritt in sturmdurchtoster Nacht heim nach Alloway [Nr. 17]. Einige ›Burnsiana‹ sind in dem alten Pub zu besichtigen.

Praktische Hinweise

Information

TIC, 22 Sandgate, Ayr,
Tel. 012 92/28 86 88, Fax 012 92/28 86 86

Hotels

*******Ramada Jarvis Ayr**, Dalblair Road, Ayr, Tel. 012 92/26 93 31, Fax 012 92/61 07 22, www.ramadajarvis.co.uk. Modernes Hotel im Zentrum mit Blick aufs Meer.

****Horizon Hotel**, Esplanade, Ayr, Tel. 012 92/26 43 84, Fax 012 92/26 40 11, www.horizonhotel.com. Familiengeführtes Hotel an der Strandpromenade.

Restaurant

Fouter's Bistro Restaurant, 2a Academy Street, Ayr, Tel. 012 92/26 13 91. Gute internationale Küche.

Pub

Tam O'Shanter Inn, High Street, Ayr. Lokal mit Burns-Flair.

19 Arran

›Scotland en miniature‹ nennt man die abwechslungsreiche und landschaftlich hinreißende Insel im Firth of Clyde.

Von Ardrossan, nördlich von Ayr, setzt die Fähre auf das Inseljuwel vor der Westküste über. Nur kurze Zeit dauert die knapp

Die landschaftliche Vielfalt von Arran lässt sich von Feriencottages aus gut erkunden

Für die Fischer von Corradale ist die Küstenlinie von Arran ein gewohnter Anblick

20 km lange Überfahrt bis Brodick. Länger muss man unter Umständen während der Saison auf einen der begehrten Fährplätze warten, denn die *landschaftliche Schönheit* Arrans hat sich herumgesprochen. Ein Besuch lohnt sich aber auf jeden Fall, nicht nur für begeisterte Wanderer und Geologen, die hier auf rund 430 km^2 ein Dorado vorfinden – von den schroffen Gebirgen im Norden bis zu dem fruchtbaren, hügeligen Tiefland im Süden.

Architektonisch lockt gleich zu Beginn der Inselrundreise **Brodick Castle** (April–Sept. tgl. 13–17, Okt. Mo, Mi, Sa 13–17 Uhr), rund 3 km nördlich des gleichnamigen Fährstädtchens. Der imposante ehemalige Stammsitz der Dukes of Hamilton liegt in einem weiten, sorgfältig gepflegten englischen Park. Eine Besichtigung des Schlossinneren lohnt vor allem wegen der ungewöhnlichen Gemäldesammlung, die unter anderem Werke von Thomas Gainsborough und William Turner enthält.

Wer genügend Zeit hat, kann von Brodick Castle aus auf den höchsten Berg der Insel steigen, den 874 m hohen **Goatfell**. Schon der Weg hinauf ist wunderschön und oben angekommen, belohnt einen die herrliche, uneingeschränkte Aussicht für jegliche Mühen.

Auf der Westseite der Insel liegen bei der Drumadoon Bay einige Höhlen. Die größte wird **King's Cave** genannt, denn hier soll sich eine Zeit lang Robert Bruce versteckt gehalten haben.

Zurück aufs Festland kommen Besucher auch vom nördlich gelegenen Lochranza aus: mit der Fähre nach Claonaig auf der Halbinsel Mull of Kintyre [s. S. 121].

i Praktische Hinweise

Information

TIC, The Pier, Brodick, Isle of Arran, Tel. 01770/302140, Fax 01770/302395

Hotel

***Dunvegan House**, Shore Road, Brodick, Tel./Fax 01770/302811. Freundliches Hotel mit schönem Blick.

Restaurant

TOP TIPP **Auchrannie Country House Hotel**, Brodick, Tel. 01770/302234. Preisgekröntes Restaurant in 5-Sterne-Luxushotel.

Glasgow, Edinburgh und die Halbinsel Fife – mittelschottisches Kernland

Von Schottlands größter Metropole **Glasgow** im Westen bis zu seiner Hauptstadt **Edinburgh** im Osten zieht sich ein dicht besiedelter Streifen durch das sich hier verjüngende Land. In den beiden Regionen *Strathclyde* und *Lothian* liegt seit Jahrhunderten Schottlands wirtschaftliches und industrielles **Zentrum**. War zunächst Edinburgh geschichtlich bedeutsamer, wurde es doch zu Zeiten der *Industrialisierung* im 17. und 18. Jh. in Bezug auf Menschenmassen und Kapitalkraft von Glasgow überflügelt. Doch das war nicht von Dauer: Anfang des 20. Jh. fand sich Glasgow als Sammelort des mittlerweile arbeitslosen Industrieproletariats, als ›Slum Schottlands‹ auf dem absteigenden Ast. Edinburgh dagegen konnte seinen alten Ruf als glanzvolle Hauptstadt aufpolieren und zog von Jahr zu Jahr immer mehr Besucher an.

Heute bringt die alte **Rivalität** zwischen den beiden großen schottischen Städten der Region nur Vorteile. Beide wetteifern um **kulturelle Highlights**, sorgen für den Ausbau der Infrastruktur und beziehen auch ihr Umland mit ein. In Glasgow etwa mit dem *Mayfest*, einem internationalen Jazz Festival oder den Weltmeisterschaften im Dudelsackpfeifen. In Edinburgh sind es neben dem bekannten *International Art Festival* zum Beispiel das alternative ›*Fringe*‹ oder ein Film-, Buch-, Kinder- oder Geschichtenerzähler-Festival, um nur einige zu nennen. Besonders spektakulär ist aber das schottische Silvesterfest *Hogmanay*, dem traditionell bedeutend mehr Aufmerksamkeit zukommt als etwa Weihnachten.

Ruhiger als der geschäftige Ballungsraum, aber doch auch unterschiedlich vom restlichen Schottland, präsentiert sich die nordwestlich von Edinburgh gelegene Halbinsel **Fife**. Zwar wird auch hier die aufstrebende Computer- und Dienstleistungsindustrie immer bedeutsamer. Noch wichtiger aber ist für die Region ihre schöne, ruhige Landschaft. Um **Dunfermline**, jenseits des Firth of Forth, ist sie noch sanft und hügelig, geradezu mild. Einige der schönsten Schlösser Schottlands, zum Beispiel der königliche **Falkland Palace**, liegen in dieser Gegend. Das liebevoll restaurierte Museumsdörfchen **Culross** vermittelt ›zum Anfassen‹, wie sich hier das Leben vor drei-, vierhundert Jahren abspielte. Anders geartet, eher vom Meer bestimmt, ist Fife im Osten. Aber neben malerischen Dünen und salzgeschwängerter Luft gibt es hier auch Unerwartetes zu entdecken. Das alte Universitätsstädtchen **St. Andrews** zum Beispiel begründete und pflegt die stolze Tradition des Golfsports. Deswegen ist es auch alle zwei Jahre (2007, 2009 usw.) Austragungsort der Internationalen Offenen Golfmeisterschaften.

Ob man nun Kultur, Sport oder Natur, Trubel oder Einsamkeit bevorzugt, es lohnt sich, dem Herzen Schottlands einen Besuch abzustatten.

◁ *›Athen des Nordens‹ heißt das weltoffene Edinburgh zu Recht – und nicht nur wegen seiner klassizistischen Bauten wie hier der National Gallery of Scotland*

20 Glasgow

Helensburgh

Ob es um Jugendstil geht oder um die neuesten Klänge der Jazzwelt: Die europäische Kulturhauptstadt von 1990 am River Clyde hat ungeahnte Schätze zu bieten.

Wenn Besucher auf der Autobahn M8 das Zentrum Glasgows durchqueren, ist der erste Eindruck von Schottlands **größter Stadt** eher schlecht. Auch folgendes Gerücht scheint sich zu bestätigen, wonach die Hafenstadt am Clyde ein heruntergekommener, verdreckter und in seiner Substanz weitgehend ruinierter Ort ist, wo in den tristen *Gorbals*, den Arme-Leute-Vierteln, der proletarische Bodensatz von Arbeitslosengeld und Sozialhilfe lebt. Tatsächlich jedoch hat sich die fast 900 000 Einwohner zählende Stadt seit Mitte der 80er-Jahre des 20. Jh. selbst am Schopf aus dem Sumpf gezogen und präsentiert sich dem Besucher bei genauerer Betrachtung in **neuem Glanz**. Den letzten Schwung zum *Imagewandel* vom heruntergekommenen Großstadt-Slum zur modernen Dienstleistungsmetropole mit attraktiven Kunst- und Freizeitangeboten gab die Wahl zur **Kulturhauptstadt Europas 1990**. An die 3000 Gebäude wurden seitdem unter Denkmalschutz gestellt und von jahrzehntealtem Schmutz befreit sowie mehrere Mio. Pfund in die Verbesserung der städtischen Infrastruktur investiert.

Der *Wandel* macht sich auch im Selbstbewusstsein der *Glaswegians* bemerkbar, die von den Edinburghern im Laufe der Geschichte immer etwas herablassend behandelt wurden. ›**Glasgow smiles better**‹ (Glasgow lächelt netter) hieß die Botschaft in der Zeit, als die Stadt *European Capital of Culture* war. Durch die geschickte Anordnung der Buchstaben konnte man das aber auch als ›*Glasgow's miles better*‹ (Glasgow ist um Meilen besser) lesen. Damit wurde recht intelligent auf die bekannte *Royal Mile* in Edinburgh gezielt und ganz unverhohlen betont, dass es auch in Glasgow bedeutende Sehenswürdigkeiten gibt. Etwa die gotische Kathedrale oder die vielen Museen und Galerien – von den sonstigen Vergnügungen ganz zu schweigen.

Geschichte Laut Stadtchronik gründete Mitte des 6. Jh. der keltische Mönch Kentigern – später bekannt als der hl. Mungo – an den Ufern des Flusses Clyde das *Kloster* **Glas Cu**, übersetzt ›grünes Tal‹. Mehr als ein halbes Jahrtausend später ließ König David I. auf den Fundamenten der Abteikirche des hl. Mungo eine prachtvolle **Kathedrale** errichten und die umliegende Ansiedlung wuchs rasch an. Als 1451 in Glasgow Schottlands zweite **Universität** gegründet wurde, gab dies der Stadtentwicklung einen weiteren Aufschwung.

Ab 1715 stiegen die cleveren Kaufleute von Glasgow in den **Tabakhandel** mit der Neuen Welt ein und monopolisierten bald das Geschäft mit dem blauen Dunst. Die einträglichen Geschäfte der *Tobacco Lords* und im späteren 18. Jh. der **Baumwollmanufakturen** machten die Stadt reich und groß.

Mit Beginn der industriellen Revolution siedelte sich in und um Glasgow Schwerindustrie an und der rührige **Industriestandort** avancierte nach London zur prosperierendsten Stadt des Vereinigten Königreiches.

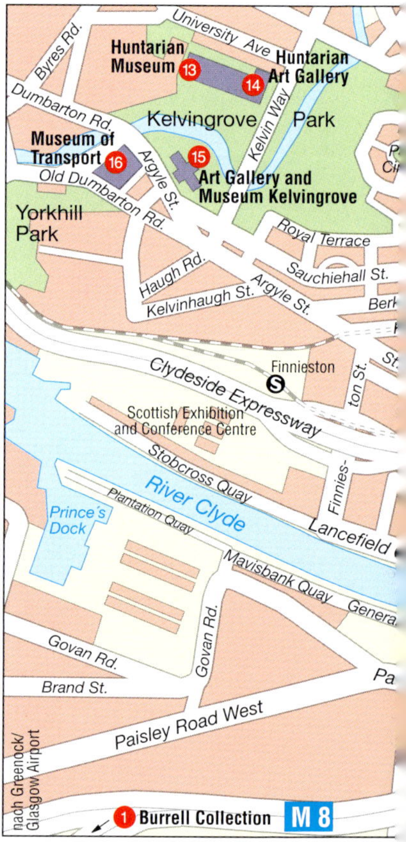

Damit war es nach dem Zweiten Weltkrieg aber vorbei. Glasgow geriet in die **Rezession** und eine Stahlhütte nach der anderen, eine Werft nach der nächsten schloss die Pforten. Arbeitslosigkeit und Depression breiteten sich in der Stadt aus. 1992 schloss die Regierung im fernen London *Ravenscraig*, die letzte verbliebene Stahlhütte auf schottischem Boden. Damit ging eine Ära vollends zu Ende. Nur unter schweren Geburtswehen wandelte sich die Metropole zu einem modernen **Dienstleistungszentrum**.

Besichtigung Glasgow besitzt einige der spektakulärsten und bestfinanzierten Museen des gesamten britischen Königreiches. Die herausragende Attraktion in der hiesigen Ausstellungsszene aber ist die **Burrell Collection** 1 (Mo–Do/Sa 10–17, Fr/So 11–17 Uhr) inmitten des *Pollock Park* im Südwesten der Stadt. Sie ist mit den Buslinien Nr. 49 und 57 vom Stadtzentrum aus zu erreichen. Parkbusse verkehren in halbstündigem Rhythmus vom Parkeingang zum Museum. 1983 öffnete das in seinen Grundlinien schnörkellose, klar gegliederte und mit großen Fenstern ausgestattete Museumsgebäude erstmals seine Pforten. Vorbei an Rodins ›Denker‹ betritt der Besucher die Ausstellung. Griechische und römische Altertümer, orientalische und chinesische Kunst, mittelalterliche ebenso wie moderne Gemälde – nichts fehlt in dieser unvergleichlichen, mehrfach ausgezeichneten Sammlung.

Innenstadt

Zurück im Stadtgebiet von Glasgow beginnt man einen Rundgang am besten bei der eindrucksvollen gotischen **St. Mungo Cathedral** 2 im Osten. 1136 legte König David I. den Grundstein, vollendet wurde das Gotteshaus aber erst im 16. Jh. Trotz dieser langen Bauzeit blieben die Steinmetzen beim einmal gewählten *Early English Style* und wechselten nicht in den spätgotischen *Decorated* und *Perpendicular Style* über. Besonders bemer-

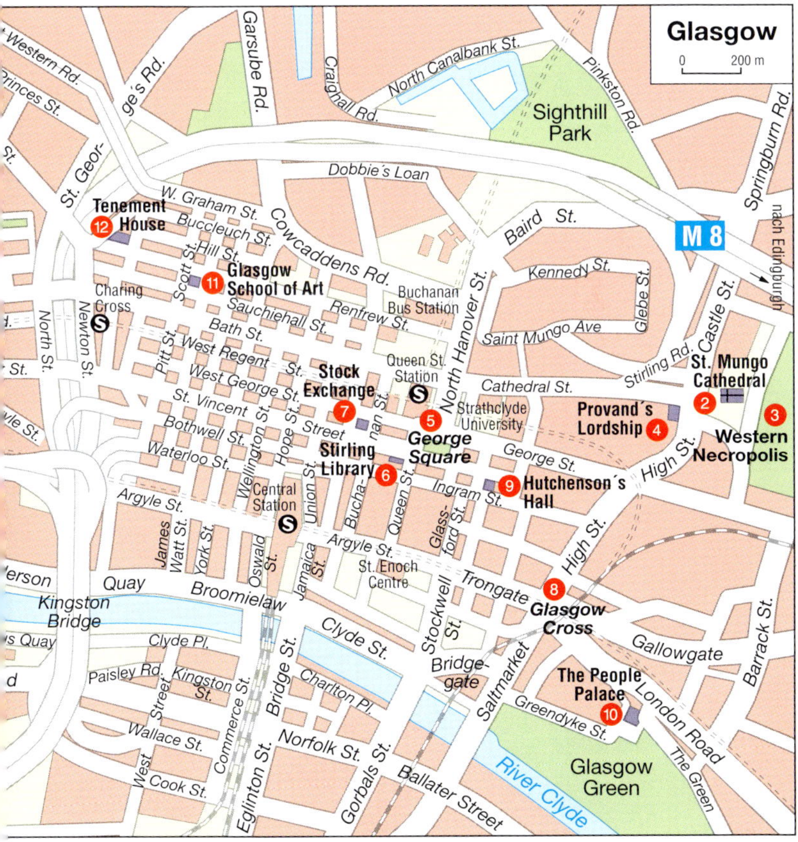

Die trutzig-düstere St. Mungo Cathedral beherbergt im Innern herrliche Schätze

kenswert ist die **Unterkirche**, wo die bunten Kirchenfenster ein eindrucksvolles Licht- und Schattenspiel erzeugen. Die vielen Säulen und Arkaden tragen ein Übriges zum überwältigenden Gesamteindruck bei. In der Krypta liegt das *Grab des hl. Mungo*, zu dem im späten Mittelalter Scharen von Wallfahrern pilgerten.

Vor der Kathedrale macht das bemerkenswerte **St. Mungo Museum of Religious Life and Art** (Mo–Do/Sa 10–17, Fr/So 11–17 Uhr) mit den Religionen der Welt vertraut.

Auf keinen Fall sollte man einen Besuch auf dem hinter dem Gotteshaus hügelan gelegenen Friedhof von Glasgow auslassen. Von dieser **Western Necropolis** ❸ hat man einen guten Blick auf die Kathedrale und über die Stadt. Zudem sind die vielen prachtvollen Mausoleen, die aufragenden dorischen Säulen, die neoklassizistischen Tempelchen und die großen Grabfiguren recht eindrucksvoll anzusehen. Den höchsten Punkt des Hügels markiert eine Säule mit der Statue des puritanischen Protestanten John Knox.

Neben der Kathedrale erstreckte sich das Gebäude des von den Adam-Brüdern erbauten, 1792 eröffneten Krankenhauses *Royal Infirmary*. Hier erkannte der Chirurg Sir Joseph Lister (1827–1912) als erster die Bedeutung der aseptischen Wundbehandlung. Das heutige Gebäude von Glasgows größtem Krankenhaus datiert aus dem 20. Jh.

Am südlichen Ende des *Cathedral Square* steht das älteste Haus Glasgows, das von 1471 datierende **Provand's Lordship** ❹ (Mo–Do/Sa 10–17, Fr/So 11–17 Uhr). In dem auffälligen Staffelgiebelhaus ist heute ein stadtgeschichtliches Museum untergebracht.

Das Herz von Glasgow schlägt auf dem großen, zentralen **George Square** ❺ mit seinen vielen Standbildern und dem quirligen Leben. Die hohe Säule im Zentrum des Platzes trägt ausnahmsweise nicht die Figur eines Kriegshelden, sondern ehrt einen Mann der schönen Künste – den Romancier Sir Walter Scott. Hinter den repräsentativen alten Fassaden rund um den Platz befinden sich Hauptpost, Bank of Scotland, City Chambers (Rathaus), Merchants' House (die älteste Handelskammer der Insel) und das altehrwürdige Copthorne Hotel.

Um die Ecke in der Ingram Street beeindruckt der säulengeschmückte Eingangsportikus der einstigen *Royal Exchange*, ursprünglich um 1770 als Stadthaus des Tabaklords William Cunningham angelegt. Im 19. Jh. wurde es vergrößert und die königliche Börse zog in die weiten Hallen ein. 1949 schließlich kamen statt dessen die Bestände der **Stirling Library** ❻ in das repräsentative Gebäude. Seit 1996 ist hier die *Gallery of Modern Art* (Mo–Mi/Sa 10–17, Do 10–10, Fr/So 11–17 Uhr) untergebracht. Die heutige Börse, die **Stock Exchange** ❼, zog nur zwei Straßenzüge weiter nach Nordwesten an den Nelson Mandela Place. Auch dieses eindrucksvolle venezianisch-gotische Gebäude kann sich sehen lassen.

Etwas weiter südlich lockt im verkehrsberuhigten Teil der Buchanan Street die mit Jugendstilelementen geschmückte Einkaufspassage **Princes' Square**, in der viele Einzelhandelsgeschäfte gehobener Preisklasse sowie einige Restaurants und Cafés untergebracht sind.

Merchant City

Richtung Osten, vorbei an der *St. Enoch Station* – der weite Platz trägt noch immer den Namen des in den 70er-Jahren des 20. Jh. abgerissenen Bahnhofs – gelangt man in die einstige *Merchant City*. Wo *High Street*, *Saltmarket*, *Gallowgate* und *Trongate* zusammentreffen, markiert das Marktkreuz **Glasgow Cross** ❽ das

In der Unterkirche von St. Mungo strebt alles nach oben, dem Licht entgegen

frühere Stadtzentrum. Nebenan ragt der sieben Stockwerke hohe *Tolbooth Steeple*, das einstige Rathaus, in den wolkigen Himmel. An der Ecke John Street, Ingram Street gibt **Hutchenson's Hall** 9 (Ostern–Sept. tgl. 10–17 Uhr, sonst nach Vereinbarung: Tel. 01 41/5 52 83 91) einen Einblick, wie die Kaufmannshäuser in der Tabak-Ära ausgesehen haben. Der *National Trust for Scotland* hat hier heute seinen Hauptsitz und ein Souvenirgeschäft im Untergeschoss . In zwei Fassadennischen grüßen die Konterfeis der Brüder Hutchenson, die sich im 19. Jh. als Wohltäter einen Namen in Glasgow machten.

Spaziert man von der Merchant City noch ein Stückchen weiter südwestlich in Richtung Clyde, ist schnell die weite Rasenfläche des Parks *Glasgow Green* erreicht, der sich am Ufer des Flusses ausbreitet. Die besondere Attraktion in diesem ausgedehnten, ältesten Park Glasgows ist das Museum **The People Palace** 10 (Mo–Do/Sa 10–17, Fr/So 11–17 Uhr) in einem großen Gewächshaus. Bei seiner Eröffnung 1898 war es als kultureller Mittelpunkt für Glasgows East End gedacht. Heute beherbergt die anmutige Glaskonstruktion ein äußerst interessantes sozialgeschichtliches Museum, das über die Geschichte der Stadt und ihrer Menschen berichtet.

Auf den Spuren des Jugendstils

Zentrale Figur ist der große Sohn der Stadt, das Jugendstilgenie **Charles Rennie Mackintosh** (1868–1928). Auch im engeren Innenstadtbereich hinterließ er architektonisch-gestalterische Spuren. Mit nur 28 Jahren schuf er die Entwürfe für die **Glasgow School of Art** 11 (Mo–Fr nach Vereinbarung: Tel. 01 41/3 53 45 26) in der Renfrew Street und wurde damit schlagartig zu einem berühmten Mann. Das Akademiegebäude wurde in zwei Bauphasen von 1897–99 und von 1907–09 errichtet. Klar und harmonisch gliedern Studiofenster die Fassaden. Über dem Eingang sind unschwer die architektonischen Anleihen beim *Baronial Style* des schottischen Burgenbaus zu erkennen und fantasievoll, kreativ-spielerisch sind die Metallarbeiten an der Hauptfassade. Die klaren Linien setzen sich im Innern fort und so ist die Glasgow School of Art ein unerhört harmonischer Gesamtkomplex. Weil die hiesige *Kunstakademie* das Gebäude nutzt, kann man es nur nach Voranmeldung oder bei organisierten Führungen besichtigen.

Für die Kaffeehausbesitzerin Kate Cranston entwarf Mackintosh eine Reihe von *Teehäusern* in Glasgow, von denen heute nur noch ein einziges, der **Willow**

Ein eindrucksvoller Bau ist das Rathaus am umtriebigen George Square

Tea Room (217 Sauchiehall Street, Mo–Sa 9–16.30, So 11–16.30 Uhr) zu besuchen ist – am besten während eines gemütlichen nachmittäglichen *Cream Tea*. Auch noch das kleinste Detail von Mobiliar, Besteck, Geschirr und anderen Einrichtungsgegenständen entwarf Mackintosh selbst.

Weitere Gebäude des Meisters sind die *Queen's Cross Church* (870 Garscube Road), in der die Mackintosh Society ihren Sitz hat, das *Scotland Street School Museum* (225 Scotland Street, Mo–Do/Sa 10–17, Fr/So 11–17 Uhr), das die Entwicklung des schottischen Schulwesens veranschaulicht, weiter das *Glasgow Herald Building* (70 Mitchell Street), das *Daily Record Building* (Renfield Lane) und die *Martyr's Public School* (Parsons' Street).

Mackintoshs *Art Lover's House* kann der Besucher etwas außerhalb, südlich des Stadtzentrums im Bellahouston Park bewundern.

Einen Steinwurf von der Glasgow School of Art entfernt, in der Buccleuch Street, steht das **Tenement House** ⓬ (Ostern–Sept. tgl. 13–17 Uhr). Es dokumentiert von außen wie von innen den bürgerlichen Lebensstil der viktorianischen Gesellschaft im 19. Jh.

Universitätsviertel

Im Nordwesten Glasgows liegt das ausgedehnte *Universitätsareal* und auch hier gibt es große und interessante Museen zu besuchen.

Das **Huntarian Museum** ⓭ (Mo–Sa 9.30–17 Uhr), 1807 eröffnet und damit Schottlands ältestes öffentliches Ausstellungsgebäude, geht auf die Sammlung des Arztes und Anatomisten *William Hunter* zurück, der im 18. Jh. sammelte, was ihm in die Finger kam – Münzen, Gemälde, Karten, Mineralien und dazu archäologische, ethnologische und zoologische Exponate. Im selben Gebäude werden in der **Huntarian Art Gallery** ⓮ (Mo–Sa 9.30–17 Uhr) die Gemälde der Universitätssammlung gezeigt. Besonderes Augenmerk gilt dem umfangreichen Werk des Malers *James MacNeill Whistler* (1834–1903) und dem **Mackintosh-Flügel** (mittags 12.30– 13.30 Uhr geschl.), der eine Rekonstruktion des einstigen Wohnhauses von Mackintosh zeigt und mit originalgetreuem Mobiliar bestückt ist.

Das imposante rote Sandsteingebäude der **Art Gallery and Museum Kelvingrove** ⓯ (bis Juli 2006 wegen Renovierung geschl.) im ausgedehnten Kelvingrove Park wurde 1901 eröffnet. Kernstück des Museums bilden die Sammlungen etlicher privater Mäzene, so etwa die MacLellan-Stiftung oder die Kollektionen von Graham Gilbert, James Donald und William MacInnes. Italienische, holländische, flämische, französische und britische Malerei aus acht Jahrhunderten ist dort zu bestaunen.

Eine dritte Attraktion des Universitätsgeländes ist das **Museum of Transport** ⓰ (Mo–Do/Sa 10–17, Fr/So 11–17 Uhr), in dem fast alle Aspekte der motorgetriebenen Fortbewegung dokumentiert werden – Kutschen, Straßenbahnen und Busse, Eisenbahnlokomotiven, Feuerwehrwagen und natürlich Autos aller Art.

Ausflug

Einige Kilometer westlich sollten kunstinteressierte Reisende am Mündungstrichter des River Clyde dem Örtchen **Helensburgh** einen Besuch abstatten. Hier steht in der Upper Colquhoun Street *Hill House* (Ostern–Okt. tgl. 13.30–17.30 Uhr), das der viel gerühmte Jugendstil-Designer Charles Rennie Mackintosh 1902–04 für den Glasgower Verleger Walter W. Blackie entwarf. Mackintosh kümmerte sich um jedes Detail und schuf auch die geschmackvolle Inneneinrichtung. Hill House ist eine anmutige, einheitliche Gesamtkomposition.

Nicht nur nächtens wirkt das Gebäude der Art Gallery wie ein Kunstwerk

Praktische Hinweise

Information

TIC, 11 George Square, Glasgow, Tel. 01 41/5 66 08 00, Fax 01 41/5 66 08 10, www.seeglasgow.com

Hotels

*****One Devonshire Gardens**, 1 Devonshire Gardens, Glasgow, Tel. 01 41/3 39 20 01 , Fax 01 41/3 34 29 99, www.onedevonshiregardens.com. Luxuriöses viktorianisches Stadthaus, 1,5 km westlich vom Zentrum.

TOP TIPP *****Hilton Glasgow Grosvenor**, 1–10 Grosvenor Terrace, Great Western Road, Glasgow, Tel. 01 41/3 39 88 11, Fax 01 41/3 34 07 10, www.hilton.co.uk/glasgowgrosvenor. Luxushotel in einem viktorianischen Terrace Building.

***Argyll Hotel**, 973 Sauchiehall Street, Glasgow, Tel. 01 41/3 37 33 13, Fax 01 41/ 3 37 32 83, www.argyllhotelglasgow.co.uk. Das Hotel liegt ca. 1 km westlich vom City Centre am Kelvingrove Park.

***Ewington Hotel**, 132 Queen's Drive, Glasgow, Tel. 01 41/4 23 11 52, Fax 01 41/ 4 22 20 30, www.ewingtonhotel.co.uk. Hotel in viktorianischem Stil, 1,5 km südlich vom Zentrum.

***Millennium Hotel**, George Square, Glasgow, Tel. 01 41/3 32 67 11, Fax 01 41/ 3 32 42 64, www.milleniumhotels.com. Alteingesessenes Haus in der Innenstadt.

Restaurants

Buttery, 652 Argyle Street, Glasgow, Tel. 01 41/2 21 81 88. Gourmetrestaurant mit guten Fischgerichten.

One Devonshire Gardens, 1 Devonshire Gardens, Glasgow, Tel. 01 41/3 39 20 01. Nichtraucherrestaurant; französisch inspirierte schottische Küche im gleichnamigen Luxushotel.

Puppet Theatre, 11 Ruthven Lane, Glasgow, Tel. 01 41/3 39 84 44. Köstliche Variationen von geräuchertem Lachs bis zu griechischem Joghurt.

Ubiquitous Chip, 12 Ashton Lane, Glasgow, Tel. 01 41/3 34 50 07. Seit mehr als 20 Jahren wird hier exzellent gekocht; bestes Haus in Glasgow.

Pubs

Babbity Bowster, 16 Blackfriars Street, Glasgow, Free House. Der Name geht auf den beliebten Folk Song *Bab at the Bowster* zurück, im Lokal herrscht eher eine kontinentale Bistro-Stimmung als eine typisch britische Pub-Atmosphäre.

Bon Accord, 153 North Street, Glasgow. Ausgesprochen gemütliche Taverne im viktorianischen Stil mit traditionellem Pub-Ambiente.

TOP TIPP **Horseshoe**, 17 Drury Street, Glasgow, Tel. 01 41/2 29 57 11. Sehr gemütliches, immer volles Pub; laut *Guinness Book of Records* besitzt die Kneipe den längsten Tresen Großbritanniens.

Die Glaswegians haben ihren eigenen Rhythmus: Warum eilen, wenn die Sonne scheint?

Auf Calton Hill liegen dem Besucher Edinburgh und sein Schloss sozusagen zu Füßen

21 Edinburgh

Plan Seite 46/47

Roslin – South Queensferry – Hopetoun House

Umtriebig, lebenssprühend, großartig – die schottische Hauptstadt war und ist Brennpunkt von Kultur und Geschichte; ein wahres »Athen des Nordens«.

Auf einem steilen, hohen Felsen wacht seit rund einem Jahrtausend beherrschend **Edinburgh Castle** über die schottische Hauptstadt. Von den vielen Bastionen der mächtigen Burg schweift der Blick über den tief unten liegenden, sattgrünen Princes Street Garden, über den schnurgeraden Flanierboulevard Princes Street, weiter über das Häusermeer bis an die blauen Wasser des breiten Firth of Forth und bei klarem Wetter sogar noch bis zur Halbinsel Fife im Norden. Pünktlich jeden Tag um 13 Uhr wird von der Festung ein donnernder *Salutschuss* abgefeuert, der weit zu hören ist und nach dem die Leute in der Stadt und im Umland ihre Uhren stellen.

Alljährlich findet in der zweiten Augusthälfte das größte Kulturfest der Welt, das **Edinburgh Festival** (www.eif.co.uk), statt, zu dem über 2 Mio. Besucher von nah und fern herbeiströmen. Konzerte, Ballettveranstaltungen, Theateraufführungen, Dichterlesungen und viele weitere Darbietungen kommen auf die Bühnen der Stadt – insgesamt sind es über 2000 Veranstaltungen! In dieser Zeit ist natürlich auch viel auf den Straßen los. Traditionell erfreuen Gaukler, Feuerschlucker, Akrobaten und Tanzgruppen sowohl die Besucher als auch die Bewohner am *Mound*, dem Platz vor der *Royal Scottish Academy*. Abend für Abend kommt es dann auf der Esplanade vor Edinburgh Castle zum **Great Tattoo**, zum großen Zapfenstreich, bei dem zwei Stunden lang Dudelsackkapellen aus aller Welt spielen.

Schon bevor es derartige Großveranstaltungen gab, nannte Theodor Fontane die schottische Metropole bewundernd *»Athen des Nordens«*. In der Tat herrscht an sommerlich schönen Tagen eine mediterrane Stimmung in der Stadt, etwa wenn es auf dem Grassmarket keinen freien Platz mehr gibt.

Nach wie vor trifft auf Edinburgh die Kurzcharakteristik von Sir Walter Scott zu, der die Kapitale *»My own romantic town«* nannte. Glücklicherweise überholt ist mittlerweile der wenig poetische Beiname *›The Auld Reekie‹*, ›Die alte Verräucherte‹, den Edinburgh seinen früher beständig rauchenden Kaminschloten verdankte. Der wirkliche Name der Stadt leitet sich von der gälischen Bezeichnung *Dun Eidean* ab, was so viel wie ›Festung am Hügelhang‹ bedeutet.

Unvergleichlich ist die Atmosphäre beim Great Tattoo, dem Großen Zapfenstreich

Angesichts der landschaftlich attraktiven Lage auf seit Jahrtausenden erloschenen Vulkanen, sowie im Norden gesäumt von den blauen Fluten des Firth of Forth, kann man Robert Louis Stevenson wohl glauben, dass »kaum ein Ort für die Ansiedlung der Hauptstadt eines Königreiches besser gewählt worden sei und es keinen edleren Platz für eine solch noble Residenz geben kann«.

Geschichte Schon im 7. Jh. war der Gipfel des strategisch so bedeutsamen Felsenkegels befestigt, auf dem heute **Edinburgh Castle** liegt. Es sollte jedoch noch weitere 400 Jahre dauern, bis sich die ersten Häuser um die schützende Burg scharten. Die kleine Ortschaft erfreute sich bald königlicher Gunst, wurde 1125 zur *Royal Burgh*, zur ›königlichen Burg‹, gekürt und verfügte damit über die Stadtrechte. Gute 100 Jahre später tagte zum ersten Mal das schottische *Parlament* in Edinburgh, wenngleich die Könige meistens noch andernorts Hof hielten. Eine verheerende *Feuersbrunst* vernichtete 1530 die schottische Hauptstadt. In den folgenden Jahrhunderten fielen immer wieder die englischen Erzfeinde ein und sorgten für Zerstörungen.

Trotzdem platzte Edinburgh Mitte des 18. Jh. aus allen Nähten und die lokalen Autoritäten ließen eine neue Stadt, die *New Town*, am Fuße des steilen Burgfelsens auf schachbrettartigem Grundriss errichten. Ein Grund für Edinburghs Anziehungskraft war sicher seit ihrer Grün-

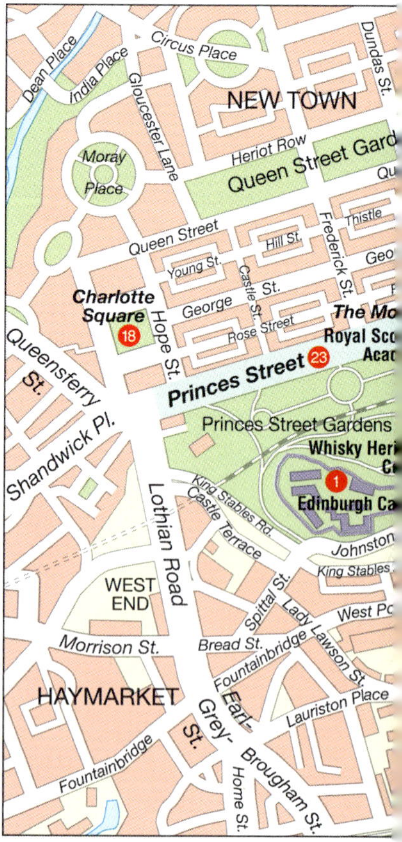

dung 1582 die rührige *Universität*. Aber auch Arbeiter fanden hier ihr gutes Auskommen. Traditionell wird in der Hauptstadt Schottlands Bier gebraut und Whisky destilliert. Textil- und Papierhersteller sowie eine ganze Reihe von Druckereien sorgten für Lohn und Brot. 1768 zum Beispiel wurde in Edinburgh die erste Auflage der berühmten *Encyclopaedia Britannica* gedruckt. Heutzutage sind eine ganze Anzahl erfolgreicher Firmen zur High-Tech-Produktion hinzugekommen.

Edinburgh Castle

Die eindrucksvollste Sehenswürdigkeit der Metropole ist zweifellos **Edinburgh Castle** 1 (April–Okt. tgl. 9.30–18, Nov.–März bis 17 Uhr) hoch oben auf einem 120 m steil abfallenden Felsen inmitten der Stadt.

Durch das immer von zwei schottenberockten Wachsoldaten flankierte **Gatehouse** [A] am Fuß der Anlage geht es in die weitläufige Burganlage. Nach wenigen Schritten passiert man erst das **Portculis-Tor** [B], dann das **Argyll-Tor** [C], das in früheren Tagen mit einem Fallgitter und einer Zugbrücke gesichert war. Von hier starten im Minutenrhythmus kostenlose Führungen durch die Festung.

Der weitere Aufstieg lässt immer wieder schöne Ausblicke auf die Stadt zu. Oben angekommen, kann man sich gleich in dem Restaurant oder der Cafeteria auf der rechten Seite stärken.

Noch ein kleines Stück führt der kopfsteingepflasterte Weg nach oben: Vorbei am Governor's House und den New Barracks ist rechter Hand das **French Prison** [D] erreicht, das seinen Namen den einst hier eingekerkerten französischen Gefangenen der napoleonischen Kriege verdankt. In einem der Gewölbe macht eine audiovisuelle Vorführung mit der langen Geschichte der Festung vertraut, in einem anderen Teil dieser Kasematten bestaunen Besucher die gewaltige, Mitte des 15. Jh. in Flandern gegossene *Mons Meg*, eine in jenen Tagen wahrlich Furcht

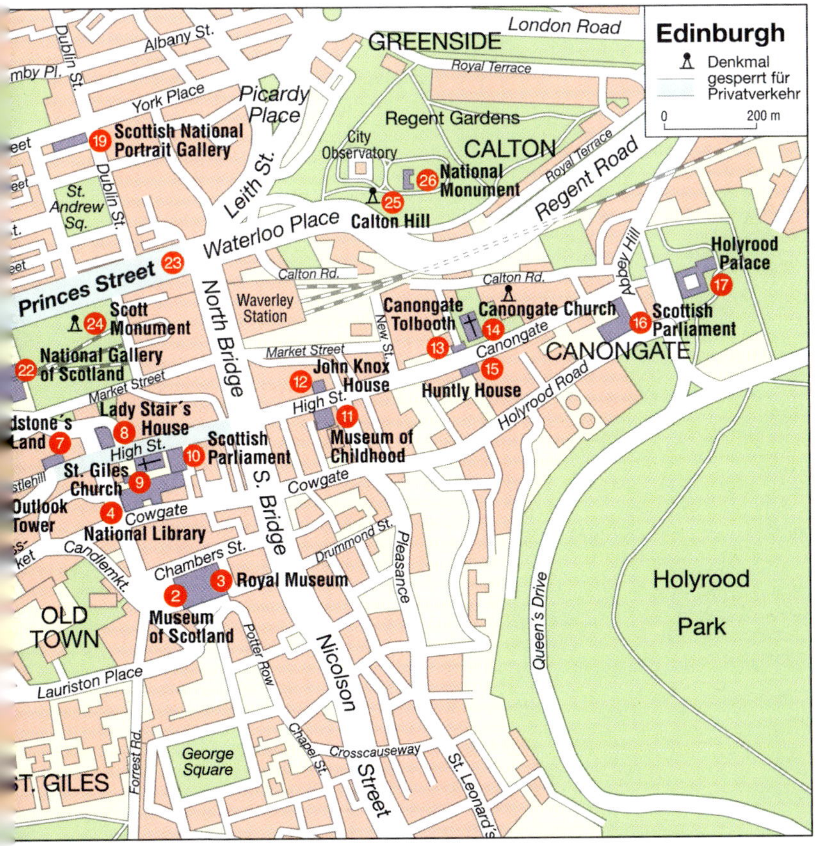

erregende Monsterkanone. Der Herzog von Burgund hatte das Belagerungsgeschütz seinem Neffen, dem schottischen König Jakob II. geschenkt. Im ausgehenden 17. Jh. war es mit der Bedrohung durch Mons Meg vorbei. Da nämlich barst der Lauf bei einem Salutschuss. Kein Wunder, wenn man bedenkt, dass die Kanone mit 50 kg Pulver geladen werden musste.

Durch das zentrale **Foog's Gate** [E] kommt man in den oberen, besonders geschützten Bereich der Burg. Hier befanden sich einst die königlichen Gemächer. Nach wenigen Schritten ist eine Plattform erreicht, von der Hobbyfotografen und andere Besucher den besten Blick auf die schottische Hauptstadt haben. Die winzige weiße **St. Margaret's Chapel** [F] entstand wahrscheinlich um das Jahr 1090 auf Initiative von Königin Margarete, der Gemahlin des Macbeth-Bezwingers Malcolm III. Canmore (reg. 1058–93). Die Kapelle ist das älteste erhaltene Gebäude der schottischen Hauptstadt.

Auf dem höchsten Punkt der Festung liegt der **Crown Square** [G], umgeben von schmucklosen und düsteren Fassaden. Im Norden gedenkt das beeindruckende **War Memorial** [H] mit einem Prachtsaal aller schottischen Kriegstoten. Im Westen macht das **Royal Scots Regimental Museum** [J] mit der Geschichte der königlichen Streitkräfte vertraut. Im Süden begrenzt der Bankettsaal *Great Hall* den Platz und im Osten ragt der königliche Palast, der **Royal Palace** [K], mehrere Stockwerke hoch auf. In dessen hochherrschaftlichen Gemächern sind u. a. die schottischen Reichsinsignien ausgestellt. Im königlichen Palast kann auch das winzige Zimmer besichtigt werden, in dem Maria Stuart 1566 ihren einzigen Sohn Jakob zur Welt brachte [s. S. 60].

Grassmarket

Am Ende der Esplanade, des großen Burgvorplatzes, führt rechts die Treppengasse Castle Wynd über viele Stufen hinab zum **Grassmarket**. Inmitten des alten Edinburgher Marktplatzes weist ein ins Pflaster eingelassenes *Kreuz* darauf hin, dass hier früher der Galgen stand, an dem Verurteilte öffentlich gehenkt wurden. Eine ganze Reihe von Pubs und Restaurants säumt den Grassmarket, darunter auch ›*The White Heart Inn*‹, die Stammkneipe des schottischen Nationaldichters Robert Burns [s. S. 31], wenn dieser in Edinburgh war.

Die Candlemaker Row verläuft am östlichen Ende vom Grassmarket und führt zur Straße George IV. Bridge. An der Ecke zur Chambers Street lohnt das 1999 eingeweihte, architektonisch eigenwillige **Museum of Scotland** ② (www.nms.ac.uk, tgl. 10–17 Uhr) unbedingt einen Besuch. Auf sechs Etagen informiert es über die politische, soziale und industrielle

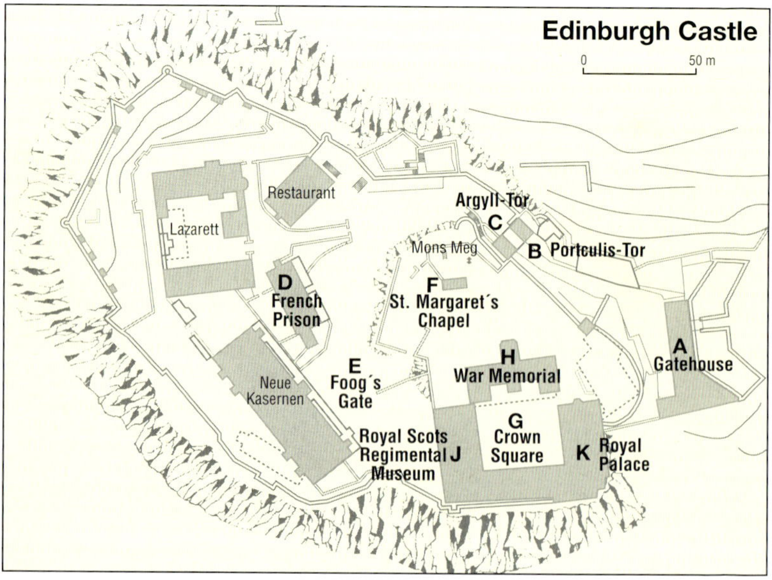

Entwicklung von der vorchristlichen Zeit bis in die Gegenwart. Nahtlos gelangt man von hier in das Mitte des 19. Jh. erbaute **Royal Museum** 3 (www.nms.ac.uk, tgl. 10–17 Uhr) mit seiner hohen lichtdurchfluteten viktorianischen Glashalle, von deren Galerien man in die Ausstellungsräume gelangt; hier befinden sich Exponate zur Zoologie, Geologie, zur Natur-, Sozial- und Technikgeschichte sowie Kunst aus Asien und Afrika.

Auf dem Weg zurück zum Castlehill kommt man an der **National Library** 4 (Mo–Sa 10–17, So 14–17 Uhr) vorbei. Sie ist an den sieben Figuren über dem weiten Eingang leicht zu erkennen. Welches Buch auch immer in Großbritannien veröffentlicht wird, die hiesige Nationalbibliothek erhält ein Exemplar. Kein Wunder, dass sie zu den vier größten des Landes zählt. Eine feste Ausstellung zur Geschichte Schottlands und wechselnde Wanderausstellungen locken zusätzliche Besucher an.

Royal Mile

Der Burgvorplatz mündet in die Straße Castlehill, die zusammen mit ihren Verlängerungen Lawnmarket, High Street und Canongate die so genannte **Royal Mile** bildet. Den Namen hat das Straßenstück daher, dass es die beiden königlichen Residenzen der schottischen Hauptstadt verbindet: Edinburgh Castle am westlichen und den Palast von Holyrood am östlichen Ende. Entlang dieses Flanierboulevards sind die meisten Sehenswürdigkeiten Edinburghs aufgereiht wie auf einer Perlenkette.

Kommt man von der Burg, liegt am Fuß des Castlehill gleich rechts das **Scotch Whisky Heritage Centre** 5 (www.whisky-heritage.co.uk, tgl. 10–17 Uhr), das alle Fragen über das schottische Nationalgetränk, den samtweichen reinen Malz-Whisky, beantwortet. Gegenüber ragt der runde, 30 m hohe **Outlook Tower** 6 (www.camera-obscura.co.uk, tgl. Juli/Aug. 9.30–19.30, April–Juni/Sept./Okt. 9.30–18, Nov.–März 10–17 Uhr) in den Himmel, der seinem Namen alle Ehre macht, denn von der Dachterrasse hat man einen weiten Blick über die Stadt. Interessant sind außer der gigantischen Camera obscura im Turm, eine Holografie-Ausstellung sowie eine Sammlung von Satelliten-Fotos. Daneben steht **Gladstone's Land** 7 (tgl. Juli/Aug. 10–19, Ostern–Juni/Sept./Okt. 10–17 Uhr) ein mehrgeschossiges, typisches Edinburgher Altstadthaus, das der

Zepter und Krone für Schottland

Dass heute die Reichsinsignien, die **Regalia of Scotland**, besichtigt werden können, geht auf Anstrengungen von Sir Walter Scott zurück. 1707, als sich England und Schottland vereinigten, bestimmte der **Act of Union** ausdrücklich, dass die Schotten ihre Reichsregalien nicht mehr benutzen, aber immerhin in Schottland aufbewahren durften. Also kamen Krone, Zepter und Reichsschwert in eine schwere, verschlossene und versiegelte Truhe im Crown Room des königlichen Palastes von Edinburgh Castle.

Nach über einem Jahrhundert aber hatten die Schotten vergessen, wo ihre Insignien lagen, und bei einem neuerlichen Ausbruch des Nationalstolzes erscholl der Ruf nach öffentlicher Ausstellung der identitätsbildenden Regalien – nur, wo waren sie geblieben?

Schon vermutete halb Schottland, dass die Engländer die guten Stücke beiseite geschafft und nach London gebracht hätten, da meldete sich Sir Walter Scott zu Worte. Als Autor historischer Romane war Scott mit der Geschichte seines Landes bestens vertraut. Nachdem Scott von König Georg IV. persönlich die Erlaubnis erhalten hatte, auf Edinburgh Castle sorgfältig zu suchen, erbrach er sofort die Siegel des Crown Room, entdeckte die Truhe und als er sie öffnete lagen darin unversehrt die wertvollen Reichsinsignien.

Die königlich-schottische ist die einzige erhaltene britische Krone, die noch aus der Zeit vor der Restauration stammt. Während des Bürgerkrieges, Mitte des 17. Jh., hatte nämlich der Lord Protector Oliver Cromwell die englischen Kronjuwelen zur Finanzierung seiner Feldzüge einschmelzen lassen.

Die beiden anderen schottischen Reichsinsignien waren Geschenke an Jakob IV. (reg. 1488–1513); das Zepter kam von dem Borgia-Papst Alexander VI. (reg. 1492–1503) und das Schwert überreichte sein Nachfolger Julius II. (reg. 1503–13) dem schottischen Renaissance-Herrscher.

Einen würdigen Rahmen gibt die ›Distel-Kapelle‹ dem traditionsreichen Orden

Im Zeichen der Distel

Der Distelorden (Noble Order of the Thistle) ist das schottische Gegenstück zum englischen Hosenbandorden; nicht mehr als 16 lebende Personen tragen eine solche Ehrung. Jakob VII. rief diesen exklusiven Zirkel 1687 ins Leben. Mitglieder führen hinter ihrem Namen die Bezeichnung K.T., Knight of the Thistle, **Ritter der Distel**. Wegen des grünen Kniebandes werden sie auch als Green Knights bezeichnet. Ihr Motto lautet: **No one provokes me with impunity** (Niemand fordert mich ungestraft heraus).

reiche Kaufmann Thomas Gladstone um 1620 errichten ließ. Da schon damals der Platz in der Altstadt eng wurde, baute man in die Höhe: Sechs Stockwerke zählt das einstige Wohnhaus, dessen einziger äußerer Schmuck zwei hohe Giebel sind. Einzelne Etagen sind zugänglich. Ihre Möblierung zeigt Wohnungseinrichtungen aus jenen Tagen. Im Erdgeschoss verkauft hinter zwei hohen Arkaden der *National Trust for Scotland* seine allseits beliebten Souvenirs.

Nur ein paar Schritte und **Lady Stair's House** 8 (Mo–Sa 10–17 Uhr) ist erreicht – in einem Hinterhof, einem so genannten *Close*. 1622 wurde das schmucklose, weiße Haus erbaut und diente im 18. Jh. einer gewissen Lady Stair, Witwe von George Dalrymple, 1. Earl of Stair, als Refugium. Heute sind hier Exponate zu den drei großen schottischen Dichtern *Robert Louis Stevenson* (1850– 1894), *Sir Walter Scott* (1771–1832) und *Robert Burns* (1759–1796) ausgestellt. Fotos aus Stevensons Leben, Zeichnungen und Bilder von Scott und von Burns, Erstausgaben ihrer Bücher und viele persönliche Gegenstände der drei schottischen Literaturgiganten sind zu besichtigen.

Weiter die Royal Mile abwärts kann sich der müde Besucher im **Pub Deacon Brodie** vom bisherigen Besichtigungsgang erholen. Der Name der Kneipe erinnert an einen Edinburgher Stadtrat, der im 18. Jh. als Chef einer Einbrecherbande die Reichen der Stadt ausraubte. Der vermeintliche Biedermann bezahlte dafür am Galgen mit seinem Leben. Der zwielichtige Charakter inspirierte Robert Louis Stevenson zu seiner berühmten Novelle ›Dr. Jekyll und Mr. Hyde‹.

St. Giles Church 9, Edinburghs Hauptkirche, entstand im 15. Jh. auf einem kreuzförmigen Grundriss. Durch den Anbau von Seitenkapellen und mehrfache radikale Renovierungen der Fassade in den folgenden Jahrhunderten blieb von dem ursprünglichen Charakter des Gotteshauses nicht mehr viel übrig. Ein Wahrzeichen der Stadt ist allerdings der Glockenturm, dessen Spitze wie eine Königskrone geformt ist. Dieses *Imperial Arched Design* datiert aus dem Jahr 1495. In der Südostecke der Kirche befindet sich die erst 1911 von Robert Lorimer im neogotischen Stil angebaute Thistle Chapel, die dem *Noble Order of the Thistle* gewidmet ist.

Nahe bei der Distelkapelle steht eine lebensgroße Statue von John Knox (1512–1572), dem calvinistischen Reformator und Dekan von St. Giles.

Vor der Ostfassade von St. Giles ragt ein großes steinernes **Marktkreuz** auf und markiert den Ort, der in früheren Tagen die Radnabe der Stadt bildete: Hier wurden Geschäfte gemacht, Waren umgeschlagen, hier verlas der Herold königliche Proklamationen und die Stadtautoritäten zelebrierten ihre Treffen, hier stand aber auch ein weiterer Galgen, an dem der Henker öffentlich die Einbrecher, Diebe und Mörder aufknüpfte. Im Straßenpflaster vor St. Giles ist der Umriss eines Herzens eingelassen, das nach einem Roman von Sir Walter Scott **Heart of**

Das Kernstück von Edinburgh Castle ist der königliche Palast

Midlothian heißt; es erinnert an ein Gefängnis, das Mitte des 18. Jh. von aufständischen Bürgern gestürmt und in Brand gesteckt wurde. Wie es heißt, spucken noch heute traditionsbewusste Schotten auf das Herz und gedenken so der einstigen behördlichen Unterdrückung.

Direkt neben St. Giles beeindruckt mit seiner imposanten georgianischen Fassade das ehem. **Scottish Parliament** ⑩, in dem von 1639 bis zur Union mit England 1707 die schottischen Abgeordneten tagten. Das 1999 neu einberufene schottische Parlament bezog 2004 einen Neubau in der Holyrood Road [Nr. 16]. Im alten Parlamentgebäude hat heute der *High Court*, der oberste schottische Gerichtshof, seinen Sitz. Ein gewisser Lord Cockburn meinte einmal mit typisch britischem Understatement: »Das alte Haus zeigt einige respektable Mauertürme, ein paar nett geschmückte Fenster und Türen und eine ganz hübsche Balustrade.« Vor dem gewaltigen Bau steht die älteste Statue Edinburghs. Hoch zu Ross sitzt da, in Stein gemeißelt, seit 1685 Karl II., der wegen seiner ungezügelten Genusssucht und Lebenslust in Großbritannien auch als *Merry Monarch* bekannt ist.

Nicht nur während des alljährlichen Festivals geht es auf den Straßen hoch her

Gegenüber von St. Giles, auf der anderen Straßenseite, geht von der Royal Mile der **Anchor Close** ab, eine überbaute Gasse, die zu einem Hinterhof führt. Zwischen 1768 und 1771 wurde hier in der Druckerei Smellie die erste Auflage der *Encyclopaedia Britannica* gedruckt, dem anerkanntermaßen größten und besten Nachschlagewerk der Welt.

Wer mit Kindern unterwegs ist, darf etwas weiter unten in der High Street am **Museum of Childhood** ⑪ (Mo–Sa 10–17, Juli/Aug. auch So 12–17 Uhr) nicht vorbeigehen. Auf fünf Etagen stellt es Spielzeug und Kinderzimmer aus den letzten Jahrhunderten und aus vielen Teilen der Welt aus. Schräg gegenüber liegt auf der anderen Straßenseite der Royal Mile das verwinkelte Fachwerkgebäude **John Knox House** ⑫ (Mo–Sa 10–18 Uhr), dessen gewaltiger Giebel auf die Straße vor-

St. Giles ist ein Muss an der Royal Mile

kragt. In dem pittoresken Häuschen lebte ab 1560 der fundamentalistische Reformator John Knox, ein Puritaner und Eiferer. Im ehem. Wohnhaus informiert heute ein Museum über Leben und Taten dieses calvinistischen Kirchenmannes.

Im letzten Abschnitt der Royal Mile, in unmittelbarer Nähe von Holyrood Palace, hatten früher die Adligen ihre Stadthäuser. Hier wohnten die ausländischen Botschafter und die hohen Hofbediensteten. Der rechteckige, 15 m hohe Turm **Canongate Tolbooth** 13 (Mo–Sa 10–17 Uhr) erinnert daran, dass dieser Teil von Edinburgh in früheren Tagen ein eigenes Stadtrecht besaß, denn hier tagte die Ratsversammlung. Der Turm war also das Rathaus. Heute beherbergt er die Ausstellung ›**The People's Story**‹, die vom Alltagsleben der Edinburgher im Lauf der Jahrhunderte erzählt.

Neben dem Tolbooth befindet sich der Kirchhof der **Canongate Church** 14. Hier ist der schottische Moralphilosoph und Nationalökonom Adam Smith (1723–1790) begraben, der als Erster erkannte, dass die Quelle nationalen Reichtums nicht im Geldvorrat oder in der Produktion liegt, sondern in der geleisteten Arbeit des Volkes. Seine letzte Ruhestätte fand hier auch der Edinburgher Dichter Robert Ferguson (1750–1774), der im Alter von 24 Jahren Selbstmord beging. Robert Burns bewunderte Ferguson so sehr, dass er trotz seiner lebenslangen prekären finanziellen Lage einen Gedenkstein aufstellen ließ. Auch das Grab von Agnes MacLehose (1759–1841) erinnert an Burns. Sie war eine Geliebte des schottischen Nationaldichters, der sie unter dem Namen Clarinda in seinen Werken verewigte.

Gegenüber des Kirchhofs ist im **Huntly House** 15 (Mo–Sa 10–17 Uhr) das *Edinburgher Stadtmuseum* untergebracht, das mit seinen Exponaten die Lokalgeschichte lebendig hält.

Fast am Ende der Royal Mile zieht ein aufregender Neubau alle Blicke an: das **Scottish Parliament** 16 (www.scottish.parliament.uk, Sitzungstage: Di–Do 9–19 Uhr, sitzungsfrei: Sa/So 10–16, April–Okt. Mo/Fr 10–18, Nov.–März Mo/Fr 10–16 Uhr). Das 1999 neu gewählte schottische Parlament zog im Herbst 2004 in das von dem katalanischen Architekten Enric Morales entworfene Gebäude ein. Sein Inneres ist während einer der öffentlichen Debatten, in der Regel von Dienstag bis Donnerstag, oder an den sitzungsfreien Tagen – dann gibt es auch Führungen – zu besichtigen.

Gern wandeln heutige Besucher in Holyrood Palace auf den Spuren Maria Stuarts ▷

Den Schlusspunkt der Royal Mile setzt **Holyrood Palace** 17 (April–Okt. 9.30–18, Nov.–März bis 16.30 Uhr; bei Anwesenheit der königlichen Familie geschl.). Der königliche Meistersteinmetz Robert Mylne baute die hochherrschaftliche Residenz zwischen 1671 und 1679 nach den Plänen des schottischen Architekten Sir William Bruce. Die Eingangsfront zeigt zwei wuchtige runde Ecktürme mit Zinnen, die ein langer, nur eingeschossiger Trakt mit Balustrade verbindet. Die Fassade wird durch gleichförmige rechteckige Fensternischen gegliedert. Das Portal mit dem schottischen Wappen flankieren zwei dorische Zwillingssäulen, darüber ragt, getragen von vier weiteren Säulen, eine kleine steinerne Königskrone auf. Bruce kombinierte hier gelungen die schwere schottische Wehrarchitektur mit der eleganten Leichtigkeit französischer Schlösser. Der *Brunnen* vor der königlichen Residenz ist eine Kopie desjenigen von Linlithgow Palace [s. S. 59] und stammt aus dem 19. Jh. Im Inneren von Holyrood Palace ist neben den prachtvoll eingerichteten *State Apartments* auch der Raum zu besichtigen, in dem Lord Darnley 1566 und eine Hand voll Verschwörer Maria Stuarts Sekretär und Vertrauten David Rizzio ermordete [s. S. 60].

Neben Holyrood Palace ragt der grünbewachsene Tafelberg **Arthur's Seat** auf. Die Bewohner der schottischen Metropole nutzen das Hügelplateau als Naherholungsziel und picknicken gerne am vermeintlichen Sitz des legendären König Artus.

Wacher Geist und spitze Feder

Robert Louis Stevenson

1850 wurde Robert Louis Stevenson in der schottischen Hauptstadt Edinburgh in eine Familie hineingeboren, die in der Welt der Technik einen guten Namen hatte. Seit drei Generationen hatten die männlichen Stevensons die Küsten des Landes sicherer gemacht und insgesamt 88 Leuchttürme errichtet [s. S. 96]. Die Karriere von Louis schien also vorgezeichnet, doch er gab sein Ingenieursstudium auf. Zum weiteren Schrecken seines Vaters wandelte er sich zum **Bohemien** und zog auf der Suche nach Linderung seiner Krankheit – Louis hatte Tuberkulose – durch die Malerbistros der Côte d'Azur. In einer Künstlerkolonie in Fountainbleau lernte er die zehn Jahre ältere Amerikanerin Fanny Osborne kennen und heiratete sie. Nun musste er Geld verdienen und so versuchte sich Stevenson in jedem Genre der **Literatur:** Reisebücher, Gedichte, Essays, Dramen, Kindergeschichten, journalistische Artikel, für nichts war ihm seine Feder zu schade. Durch seine spannend erzählten Geschichten erwarb er sich schnell die Anerkennung seiner Zeitgenossen.

Um dem feuchten englischen Klima zu entkommen, übersiedelte Stevenson 1888 auf die Samoa-Insel Upulo. Hier brach er am 3. Dezember 1894 nach einem Schlaganfall tot zusammen – nur 44 Jahre alt.

Motorcraft

New Town

Ein Rundgang durch die New Town sollte am **Charlotte Square** ⑱ im Nordwesten von Edinburgh Castle beginnen, der von eleganten georgianischen Häusern umstanden ist. Der schottische Architekt Robert Adam (1728–1792) zeichnete sich für Edinburghs elegantesten Platz verantwortlich. Im Haus Nr. 5 hat der *National Trust for Scotland* seine Büros, und in Nr. 7, dem *Georgian House* (April–Okt. tgl. 10–17, Nov./Dez./März 11–15 Uhr), wird die typische Einrichtung wohlhabender Familien der georgianischen Ära gezeigt. Die Westseite des Charlotte Square wird vom *West Register House* eingenommen, das Chroniken zur schottischen Historie aufbewahrt und eine ständige Ausstellung bedeutender Urkunden zeigt.

Vom Charlotte Square geht es entlang der breiten George Street, die ebenfalls von einheitlichen georgianischen Hausfassaden gesäumt ist. In *Castle Street*, der ersten Querstraße, lebte Sir Walter Scott viele Jahre im Haus Nr. 39. Über Queen Street und Frederick Street ist bald die *Heriot Row* erreicht– im Haus Nr. 17 wohnte der junge Robert Louis Stevenson mit seinen Eltern und träumte zum Ärger des strengen Vaters von einer Karriere als Schriftsteller.

Folgt man der Hanover Street nach Norden, gelangt man über die Queen Street an den York Place. Hier liegt die unbedingt empfehlenswerte **Scottish National Portrait Gallery** ⑲ (Fr–Mi 10–17, Do bis 19 Uhr), in der die Konterfeis berühmter Schotten zu besichtigen sind. Im selben Gebäude war früher das **National Museum of Antiquities of Scotland** mit seinen beeindruckenden archäologischen und landeskundlichen Sammlungen untergebracht. Da Ausstellungs- und Archivräume in diesem Gebäude zu knapp wurden, kam die Antikensammlung im Neubau des Museum of Scotland [s. S. 48] in der Chambers Street unter.

An ihrem südlichen Ende läuft die Hanover Street geradewegs auf den leicht erhabenen Platz **The Mound** ⑳ zu. Alljährlich Ende August während des weithin berühmten **Edinburgh Festivals** zeigen hier traditionell Straßenakrobaten, Feuerschlucker, Spaßmacher und Tanzgruppen ihre Künste.

◁ *Edinburgh wie es leibt und lebt: Die stets geschäftige Princes Street gilt als Nobeladresse für den Einkaufsbummel; das klassische Stadtbild gibt es kostenlos dazu*

Vor dem Gebäude der **Royal Scottish Academy** ㉑ ehrt ein Standbild Königin Victoria, die hier mit leicht blasiertem Gesichtsausdruck die Hanover Street entlangschaut und auf die Statue ihres Onkels Georg IV. blickt. Etwas weiter südlich, hinter der Academy, liegt die im klassizistischen Stil von William Playfair (1789–1857) – dem ›schottischen Schinkel‹ – erbaute **National Gallery of Scotland** ㉒ (Fr–Mi 10–17, Do bis 19 Uhr) mit ihrem gewaltigen ionischen Säulenportal. Kostbare Altarbilder aus dem 15. Jh., venezianische Malerei des 16. Jh., u.a. Bilder von Tizian, Werke von Rubens, Cranach und Holbein, aber auch englische Landschaften von Thomas Gainsborough und John Constable sowie Bilder des Licht- und Schattengenies William Turner halten kunstinteressierte Besucher in Atem.

Princes Street ㉓ ist der Flanierboulevard der schottischen Metropole und nur auf einer Straßenseite von exklusiven Geschäften bestanden. Die andere säumt die grüne Lunge Edinburghs, der *Princes Street Garden*, der gerne als Ruhepunkt während des Einkaufens genutzt wird. Am östlichen Ende der Shopping-Meile ragt das 60 m hohe, neogotische **Scott Monument** ㉔ in den Himmel. In Nischen finden sich 64 Skulpturen, die Charaktere aus dem reichhaltigen Werk des großen schottischen Romanciers darstellen. Die Kapitelle zeigen die Gesichtszüge von 16 weiteren schottischen Autoren. 287 Stufen führen nach oben zu einer Plattform, von der die Sicht über die New Town von Edinburgh hervorragend ist.

TOP TIPP Calton Hill

Das schönste Panorama von Edinburgh aber bietet zweifellos **Calton Hill** ㉕ am östlichen Ende der Princes bzw. Waterloo Street. Auf dem Hügel ragt ein monumentaler zwölfsäuliger Portikus in die Höhe. Dieses **National Monument** ㉖ ehrt die Gefallenen der napoleonischen Kriege und wird auch als *Edinburghs Disgrace* oder *Scotlands Pride and Poverty* bezeichnet. Der Name rührt daher, dass Anfang des 19. Jh. ein gewaltiger schottischer Parthenon geplant war. Doch dann ging das Geld aus und Architekt Playfair musste die Arbeiten einstellen. Die einsamen Säulen sind also gleichermaßen ›Schottlands Stolz und Armut‹ bzw. ›Edinburghs Schande‹. Ferner finden wir auf dem Calton Hill das gut 30 m hohe **Nelson Monument**, das an den Sieg des Ad-

Liebe zum Detail beweist in Rosslyn Chapel nicht nur die Apprentice Pillar

mirals über die vereinigte spanisch-französische Flotte beim südspanischen Kap Trafalgar (1805) erinnert; Horatio Nelson fand in der Seeschlacht den Tod. Ein kleiner *griechischer Tempel* erinnert an Dugald Stewart (1753–1828), einst Mathematiker und Professor für Moralphilosophie an der Edinburgher Universität. Ein weiteres *Denkmal* ehrt den Mathematiker und Naturphilosophen John Playfair (1748–1819), den Onkel des Edinburgher Hausarchitekten – vom Neffe gestaltet.

Ausflüge

Roslin

In dem kleinen Dörfchen 8 km südlich der Hauptstadt sollte man sich die über und über geschmückte **Rosslyn Chapel** nicht entgehen lassen. Die kleine Kapelle ist aufwendig verziert: Portale, Gewölbe, Säulen, Kapitelle, Bogen, Architrave, selbst noch das Maßwerk in den Fenstern, alles ist überbordend und kunstvoll gearbeitet. Portugiesische Steinmetzen waren es, die aus ihrer Heimat die so genannte *Manuelinik* in den Norden brachten. Dieser Dekorationsstil mutet fantasievoll und fröhlich an: Seine Leichtigkeit kommt ohne das Ernste und Ehrfurchtgebietende aus, das Kirchenbauten so oft eigen ist.

Die nur 21 m lange Kapelle ist unvollendet. Man mag sich gar nicht vorstellen, wie sie ausgesehen hätte, wenn sie fertig gestellt worden wäre. William Sinclair, der überaus reiche 3. Count of Orkney, hatte 1450 den Auftrag für das kleine Gotteshaus gegeben. Nach seinem Tod, 34 Jahre später, stellten die Erben die kostspieligen Arbeiten ein.

South Queensferry

Von Edinburghs Zentrum führen Hinweisschilder mit der Aufschrift ›*Forth Bridges Road*‹ die Autofahrer zum heute eher unbedeutenden Ort South Queensferry. Früher verkehrten von hier die Fähren über den Firth of Forth. Aber als 1890 die gewaltige *Eisenbahnbrücke*

Wirkungsvoll in Szene gesetzt: die Forth Rail Bridge über den Firth of Forth

Als Kunstwerke ersten Ranges gelten die bemalten Holztäfelungen in Hopetoun House

Forth Rail Bridge über den Fjord eingeweiht wurde, fand das geschäftige Treiben im Städtchen ein Ende. Die 2,5 km lange und 50 m hohe, massige Eisenkonstruktion wurde wie ein Weltwunder gefeiert und ist noch heute ein imposanter Anblick. Ein Stückchen flussaufwärts führt die 1964 dem Verkehr übergebene, knapp 2 km lange, mautpflichtige *Autobrücke* **Street Bridge** über den breiten Firth of Forth. Sie ist eine der längsten Hängebrücken Europas.

In South Queensferry sollte man unbedingt die alte Kneipe **The Hawes Inn** besuchen, der sowohl Robert Louis Stevenson als auch Sir Walter Scott ein literarisches Denkmal setzten.

Ungewöhnliches trägt sich alljährlich am letzten Augusttag in South Queensferry zu, wenn das **Burry Man Festival** begangen wird. Dabei stolpert eine über und über mit Kletten behängte Figur durch den Ort, die von den Passanten Geld erhält. Diese Spenden fließen an gemeinnützige Organisationen. Der Brauch ist schon so alt, dass heute niemand mehr weiß, wo seine Ursprünge liegen.

TOP TIPP

Hopetoun House

Ein architektonisches Kleinod findet sich nur wenige Minuten Fahrt westlich der beiden Brücken über den Firth of Forth: *Hopetoun House* (April–Sept. tgl. 10–17.30 Uhr), von fantasievollen Besuchern auch als **›schottisches Versailles‹** bezeichnet. Zwischen 1699 und 1703 baute William Bruce ein geräumiges Landhaus für die Familie Hope. Nicht einmal 20 Jahre später beauftragte der 1. Earl of Hopetoun den Architekten William Adam mit Erweiterungen. Dieser setzte der schlichten Ursprungsfassade eine monumentale **Barockverkleidung** vor und stockte auf.

Der nun zweigeschossige Bau wird in der Vertikalen durch dorische Säulen gegliedert und in der Horizontalen durch eine über die volle Fassadenlänge laufende Balustrade. Auf ihren Sims gestellte, mächtige Steinvasen geben dem Auge nach oben hin Halt. Schließlich verlängerte Adam das Haupthaus nach rechts und links beträchtlich und ließ zwei Kolonnaden bogenförmig von jeder Seite wegschwenken. Die beiden Säulenreihen enden in übergroßen Flügelpavillons. Nach dem Tod des Vaters im Jahr 1748 vollendeten seine Söhne Robert (1728–1792) und James (1721–1794) die Arbeiten und kümmerten sich ab 1750 um die Inneneinrichtung. Besonders beeindrucken die kunstvoll bemalten Holztäfelungen. Es ist nicht übertrieben, wenn man Hopetoun zu den prächtigsten schottischen Adelssitzen zählt.

Praktische Hinweise

Information

TIC, 3 Princes Street, Edinburgh, Tel. 01 31/4 73 36 00, Fax 01 31/4 73 36 22, www.edinburgh.org

Hotels

*******Radisson SAS**, 80 High Street, Edinburgh, Tel. 01 31/5 57 97 97, Fax 01 31/5 57 97 89, www.radissonsas.com. Großes Haus an der Royal Mile.

*******The George**, 19–21 George Street, Edinburgh, Tel. 01 31/2 25 12 51, Fax 01 31/2 20 36 24, www.principal-hotels.com. Haus der Spitzenklasse – unweit der Hauptattraktionen Edinburghs.

******Old Waverley Hotel**, 43 Princes Street, Edinburgh, Tel. 01 31/5 56 46 48, Fax 01 31/5 57 63 16, www.old-waverley-hotel.co.uk. City Hotel mit guten Ausblicken auf Princes Street Garden und die Burg.

TOP TIPP ******The Carlton Hotel**, 19 North Bridge, Edinburgh, Tel. 01 31/4 72 30 00, Fax 01 31/5 56 26 91, www.paramount-hotels.co.uk. Traditionsreiche Unterkunft nahe Princes Street.

*****Frederick House Hotel**, 42 Frederick Street, Edinburgh, Tel. 01 31/2 26 19 99, Fax 01 31/6 24 70 64, www.frederickhousehotel.co.uk. Freundliches Hotel in georgianischem Townhouse, eine Minute von Princes Street entfernt.

Restaurants

Atrium, 10 Cambridge Street, Edinburgh, Tel. 01 31/2 28 88 82. Feinste mediterrane Gerichte.

Café Rouge, Frederick Street, Edinburgh. Lokal einer Restaurantkette mit sehr gutem Preis-Leistungs-Verhältnis.

Creeler's Seafood Bar Bistro & Restaurant, 3 Hunter Square, Royal Mile, Edinburgh, Tel. 01 31/2 20 44 47. Meeresfrüchte à la carte oder kleine Bistro-Gerichte.

Dubh Prais Restaurant, 123 b High Street, Royal Mile, Edinburgh, Tel. 01 31/ 5 57 57 32. Schottische Küche vom Feinsten in gemütlichem Kellerlokal.

Mussel Inn, 61 Rose Street, Edinburgh, Tel. 01 31/2 25 59 79. Einfaches Seafood-Restaurant mit fangfrischen Gerichten.

Vintner's Room, The Vaults, 78 Giles Street, Edinburgh, Tel. 01 31/5 54 67 67. Sehr gutes Speiselokal mit französisch-mediterraner Küche.

Pubs

All Bar One, 29 George Street, Edinburgh. Eine Seltenheit in Großbritannien – die atmosphärereiche Bar bietet vorzügliche Weine und kleine Gerichte an.

Abbotsford, Rose Street/neben South David Street, Edinburgh. Zur Lunch-Zeit kommen Geschäftsleute in das 1902 eröffnete Pub, abends viele Einheimische.

TOP TIPP **Bow Bar**, 80 West Bow, Edinburgh, Tel. 01 31/2 26 76 67. Kneipe mit guten wie auch preisgünstigen Snacks und 140 verschiedenen Whiskysorten; spartanische Einrichtung, gute Atmosphäre, Free House.

Guildford Arms, West Register Street, Edinburgh. Viktorianisches Ambiente, Free House.

Ein Pub bietet mehr als geistige Getränke – es ist Mittelpunkt des sozialen Lebens

Eine Reise durch die reiche Lothian Region führt unweigerlich nach Linlithgow Palace

22 Linlithgow

Das Geburtsschloss von Maria Stuart ist immer noch herrlich anzusehen – auch wenn es heute in Ruinen liegt.

Das kleine Städtchen *Linlithgow* am Ufer des gleichnamigen Sees wird fast erdrückt durch seine mächtige **Schlossruine**. In dem ehem. *königlichen Palast* vor den Toren von Edinburgh erblickte Maria Stuart am 8. Dezember 1542 das Licht der Welt [s. S. 60].

Einen ersten kleinen Landsitz ließ hier schon im 12. Jh. König David I. errichten. Die folgenden Herrscher nahmen umfangreiche Erweiterungen vor, sodass TOP TIPP **Linlithgow Palace** (April–Sept. tgl. 9.30–18.30, Okt.–März tgl. 9.30–16.30 Uhr) zur bevorzugten Residenz der schottischen Monarchen avancierte. Der Palast muss außerordentlich prächtig gewesen sein, mit Goldmalereien, kostbaren Teppichen und einzigartigem Kunsthandwerk reichlich ausgestattet. Als jedoch Jakob VI., Maria Stuarts Sohn, 1603 auch zum Herrscher über England ausgerufen wurde und nach London zog, begann der langsame Verfall des Schlosses. 1746 quartierte der Duke of Cumberland auf dem Weg zur Schlacht nach Culloden [s. S. 86] seine Truppen in dem herrschaftlichen Anwesen ein. Nach dem Abzug der Soldateska fackelte ein nicht sorgfältig gelöschtes Feuer wieder auf und die jahrhundertealte Residenz brannte bis auf die Grundmauern nieder. Doch auch als Ruine ist Linlithgow Palace noch immer äußerst eindrucksvoll.

i Praktische Hinweise

Information

TIC, Burgh Halls, The Cross, Linlithgow, Tel. 015 06/84 46 00, Fax 015 06/67 13 73

Hotel

*****Bonsyde House Hotel**, Bonsyde, Linlithgow, Tel. 015 06/84 22 29, Fax 015 06/ 84 62 33, www.bonsydehouse.co.uk. Elegantes, historisches Scottish Country House.

Restaurant

TOP TIPP **Champany Inn**, Philipstoun (3 km nordöstlich von Linlithgow an der Kreuzung von A 904 mit A 803), Tel. 015 06/83 45 32. Ganz hervorragendes Lokal mit frischen Fleisch- und Fischgerichten, auch Hummer steht auf der Speisekarte.

Pub

The Four Marys, 65–67 High Street, Linlithgow, Tel. 015 06/84 21 71. Benannt nach den vier Hofdamen von Maria Stuart; eines der atmosphärereichsten Wirtshäuser im Umkreis; Free House.

Ihre Schönheit soll mit ein Grund für ihr unrühmliches Ende gewesen sein

Mary Stuart – Queen of Scots

Schon früh wurde die 1542 in Schloss Linlithgow geborene Maria Stuart zum **Spielball der Politik**. Ihr Vater Jakob V. starb fünf Tage nach ihrer Geburt, sie selbst empfing mit nur neun Monaten die Krone von Schottland. Erzogen wurde Maria am französischen Königshof, wo sie 1558 den Dauphin Franz II. heiratete. Ihr Mann starb jedoch bereits nach zwei Jahren und 1561 kehrte Maria nach Schottland zurück. Als **Katholikin** war sie in ihrem protestantischen Heimatland jedoch nicht willkommen.

Die Heirat mit ihrem Cousin Lord Henry Darnley 1565 schien die Gemüter zu beruhigen. Doch die Ehe geriet schnell zum Fiasko, der Prinzgemahl entpuppte sich als charakterschwacher Tunichtgut. Maria wandte sich James Lord Bothwell zu.

Der Anfang vom Ende kam, als 1566 Lord Darnley in Holyrood Palace [s. S. 52] den italienischen Sekretär und vertrauten Ratgeber Marias, David Rizzio, im Beisein der Königin ermordete. Kurz danach brachte sie in Edinburgh Castle [s. S. 47] den ersehnten Thronfolger, ihren Sohn Jakob, zur Welt. Er sollte später als Jakob VI. König von Schottland, 1603 als Jakob I. auch König von England werden. Vorher jedoch wurde 1567 Lord Darnley, nachdem er einem Brandattentat in seinem Haus entgangen war, in der Nähe der Trümmer erwürgt.

Der Verdacht fiel auf Lord Bothwell. Nichtsdestotrotz heiratete ihn Maria nur drei Monate später – eine unkluge Tat, die sich auch sogleich rächte. Der **schottische Adel** verschwor sich, zwang die Königin abzudanken und stellte sie in Loch Leven Castle [s. S. 64] unter Hausarrest.

Als Maria Stuart ein Jahr später dem schottischen Adel entfliehen konnte, musste sie 1569 ihre Zuflucht in England bei ihrer entfernten Cousine Elizabeth I. nehmen. Aber Elizabeth ließ Maria ebenfalls festsetzen. Die nächsten 18 Jahre verbrachte Maria unter Hausarrest in verschiedenen englischen Schlössern – praktisch eine **Gefangene**. Mehrere Pläne zu ihrer Befreiung scheiterten. Als man Maria mithilfe abgefangener Briefe auch noch die Beteiligung an einem Umsturzversuch gegen Elizabeth nachweisen konnte, wurde die einstige schottische Königin schuldig gesprochen. Am 8. Februar 1587 wurde die unglückliche Monarchin auf Schloss Fotheringay geköpft.

23 Stirling

Pineapple House

Für sein Schloss und ein Schlachtfeld ist die atmosphärereiche Studentenstadt weithin bekannt.

›*Heart of Scotland*‹, ›Herz von Schottland‹, wird Stirling oft genannt. Durchaus verständlich, wenn man bedenkt, dass das kleine Städtchen am River Forth wiederholt feindlichen Truppen den Weg in die Highlands und damit ins eigentliche Zentrum des Landes verstellte. Sieben Schlachten tobten von 1297 bis 1766 in und um Stirling zwischen den verfeindeten Engländern und Schotten.

Geschichte Schon im 12. Jh. war **Stirling Castle** eine bedeutende Befestigungsanlage. Herrschaftlich auf einem über 80 m hohen, steilen Felskegel gelegen und scheinbar uneinnehmbar, eroberte der englische König Eduard I. Ende des 13. Jh. die Burg dennoch. 1297 kam es zur *Schlacht an der Stirling Bridge*, in welcher der schottische Lord William Wallace mit seinen *Schiltrons*, dem mit langen Lanzen bewaffneten Fußvolk, das englische Heer schlug und die Festung befreite. Wenige

Die romantische Mondscheinstimmung steht Stirling Castle hervorragend zu Gesicht

Jahre später, 1304, musste sich Stirling Castle als letzte schottische Burg den Engländern doch ergeben. Aber 1314 fegte *Robert Bruce* (1274–1329) in der **Schlacht von Bannockburn** die Truppen von Edward II. aus dem Land. Dieser Sieg sicherte Schottland für lange Jahre Frieden und Wohlstand.

Unermüdlich wurde Stirling Castle in den folgenden Jahrhunderten gesichert. Große Umbauten ließ vor allem Jakob IV. (reg. 1488–1513) vornehmen. Ihm ist es zu verdanken, dass innerhalb der hohen Festungsmauern heute die schönsten **Renaissance-Bauten** Schottlands zu finden sind.

Besichtigung Einen prachtvollen Ausblick auf das Umland hat der Besucher von **Stirling Castle** (April–Sept. tgl. 9.30–18, Okt.–März bis 17 Uhr). An klaren Tagen kann man weit über die Berge der Highlands schauen. Im sehenswerten Inneren der Schlossanlage nehmen die **Stirling Heads**, in Eiche geschnitzte Porträts schottischer Regenten, eine Sonderstellung ein.

TOP TIPP

Rund um die Festung schmiegt sich die **Altstadt**. Hier befindet sich in der Straße Castle Wynd das 1632 errichtete, reich mit Steinmetzarbeiten verzierte Renaissance-Haus **Argyll Lodge**, das früher den Earls of Stirling als Stadtresidenz diente.

In der gotischen Stadtpfarrkirche **Church of the Holy Rude** wurde 1543 die neun Monate alte Maria Stuart zur Königin von Schottland gekrönt.

Bridge of Allan

Im nördlichen Stadtteil Bridge of Allan befindet sich der ausgedehnte Campus der **University of Stirling**. Inmitten weiter Rasenflächen, kleiner Wäldchen, blühender Blumenbeete sowie einem Golfplatz und mehreren Tennis Courts liegen verstreut die Gebäude von Schottlands jüngster Universität.

Dahinter ragt auf dem *Abbey Craig* der 67 m hohe Turm des **Wallace Monument** (Juli/Aug. tgl. 9.30–18.30, Juni 10–18, März–Mai/Okt. tgl. 10–17, Nov.–Febr. 10.30–16.30 Uhr) auf. Er wurde 1869 zu Ehren des siegreichen Lord William Wallace errichtet. Heute informiert hier eine audiovisuelle Vorführung über die *Schlacht an der Stirling Bridge*. Wer sich nicht scheut, die 242 Stufen bis zur Aussichtsplattform hochzusteigen, wird mit einem traumhaften Panoramablick.

Bannockburn

Im rund 3 km von Stirling entfernten südlichen Stadtteil Bannockburn erinnert das **Heritage Centre** (April–Okt. tgl. 10–17.30, Nov./Dez./Febr./März tgl. 10.30–16 Uhr) an die Schlacht am 24. Juni 1314 gegen die übermächtigen englischen Truppen unter Eduard II., die Robert Bruce hier siegreich schlug. Die 1964 errichtete Statue zeigt den schottischen Helden in voller Kampfmontur hoch zu Ross.

Unübersehbar, aber nicht zum Anbeißen

Pineapple House

Follies nennt man in Großbritannien architektonische Verrücktheiten und bei den vielen Exzentrikern im Lande gibt es davon eine ganze Menge. Eine der sympathischsten dieser baulichen Kapriolen auf den gesamten britischen Inseln findet man südöstlich von Stirling, bei dem Örtchen Airth im Dunmore Park. Dort hat 1761 ein unbekannter Baumeister den 15 m hohen Turm eines Gewächshauses einer Ananas nachempfunden.

i Praktische Hinweise

Information

TIC, 41 Dumbarton Road, Stirling, Tel. 017 86/47 50 19

Hotels

******King Robert Hotel**, Glasgow Road, Bannockburn, Tel. 017 86/81 16 66, Fax 017 86/81 15 07, www.kingroberthotel.co.uk. Modernes Haus nahe dem Bannockburn Heritage Centre.

******The Stirling Highland Hotel**, Spittal Street, Stirling, Tel. 017 86/27 27 27, Fax 017 86/27 28 29, www.paramount-hotels.co.uk. Das komfortable Hotel war einmal die High School von Stirling.

Pub

The Settle Inn, Mary's Wynd, Stirling. Stirlings älteste Kneipe aus dem Jahre 1589, mit kleinem Biergarten.

24 Culross

Das bewohnte Museumsdorf verbindet Erinnerungen an die Vergangenheit mit modernem Leben.

Auch das nördliche Ufer des Firth of Forth, an dem die gern besuchte *Halbinsel Fife* beginnt, hat an Sehenswürdigkeiten einiges zu bieten: an der A 985 das kleine Dörfchen Culross. Es soll der Legende nach um das Jahr 520 der Geburtsort des *hl. Mungo*, Gründer der Stadt Glasgow [Nr. 20] gewesen sein. Rund 800 Jahre später errichteten hier auf einem Hügel Zisterzienserbrüder eine **Abtei** und wiederum 200 Jahre danach hatte sich das umliegende Städtchen zu einem der wohlhabendsten in ganz Schottland gemausert. Durch Kohleabbau, Salzgewinnung und lebhaften Handel mit den Niederlanden wurden die Bewohner von Culross reich.

Der *National Trust for Scotland* restauriert seit über einem halben Jahrhundert die Häuser des Dorfes. Nach Fertigstellung werden sie jeweils preisgünstig vermietet oder verkauft. Dadurch wirkt Culross wie ein lebendiges Gesamtkunstwerk, keinesfalls wie ein steriles Museumsdorf. Eine Besonderheit sind die **Straßen** des Örtchens. In der Mitte ist ein Plattenweg verlegt, von dem aus rechts und links abschüssiges Kopfsteinpflaster zur Gosse führt. In der Mitte dieses so genannten *Crown o'the Causeway* konnte man trockenen Fußes durch die Abwässer im Rinnstein schreiten.

Im Rathaus informiert eine Ausstellung sowie eine audiovisuelle Vorführung über die Geschichte der Stadt. Zudem können eine ganze Reihe der **Little White Houses**, der ›kleinen weißen Häuser‹, besichtigt werden, etwa das *Snuff Cottage* oder das *Coachman's House*.

Beim anschließenden Spaziergang zu dem gemütlichen alten Pub *The Dundonnel Arms* kann man das einstige geschäftige Treiben des 16. und 17. Jh. in der Fantasie mühelos nachvollziehen.

25 Dunfermline

Loch Leven

Geschichtsträchtiges Städtchen, in dem König Robert Bruce begraben liegt und Andrew Carnegie geboren wurde.

Von Culross ist es auf der A 944 nicht weit bis Dunfermline, einst Sitz und Begräb-

Wer in Culross wohnt, nimmt Leben wie auf einem Präsentierteller gern in Kauf

nisort der schottischen Könige. Sieben Herrscher liegen in der **Abteikirche** bestattet, darunter, wie oben am Turm des Gotteshauses zu lesen ist, auch Robert Bruce. Sein Herz ruht aber in Melrose Abbey [s. S. 22].

Dumfermline war u. a. im 11. Jh. **königliche Residenz** von Malcolm III. Canmore. Zusammen mit seiner Frau Margarete (ca. 1045–1093) wollte er von hier aus sein Land zivilisieren. Es gelang ihm zwar nicht wie gewünscht, aber seine Frau wurde immerhin heilig gesprochen und blieb als hl. Margarete bis auf den heutigen Tag *Schutzheilige* von Schottland.

Trotz ihrer Bedeutung wirkt die Kathedrale von Dunfermline geradezu bescheiden

Eine Erfolgsstory anderer Art begann 1835, als in einem kleinen Häuschen in der Moody Street der armen Weberfamilie **Carnegie** ihr Sohn **Andrew** geboren wurde. 13 Jahre danach wanderten die Carnegies nach Amerika aus und Klein Andrew fand Arbeit als Zeitungsjunge, Telegrafenbote und bei der Eisenbahn. Sein Gehalt investierte er in Stahl- und Eisenbahnaktien. Damit erzielte er alsbald traumhafte Gewinne und baute eine Eisenhütte nach der anderen auf. 1881 war er der unangefochtene *Steel Baron* der USA, der reichste Bürger der Neuen Welt und als Frühkapitalist gleichermaßen brutaler Ausbeuter und menschenfreundlicher Stifter. 1901 verkaufte er seine Stahlwerke und betätigte sich fortan als Mäzen. Damals gründete er mehr als 2000 Bibliotheken in aller Welt, viele Schulen und Universitäten sowie kulturelle Einrichtungen aller Art, darunter die berühmte Carnegie Hall in New York. Seiner Heimatstadt stiftete er das Carnegie Bath, eine Bücherei, die Lauder Technical School und den *Pittencrieff Park*. Andrew Carnegie starb 1919. Sein bescheidenes Geburtshaus ist heute Teil des **Andrew Carnegie Birthplace Museum** (April–Okt. Mo–Sa 11–17, So 14–17 Uhr).

TOP TIPP Loch Leven

Auf der Autobahn M 90 ist das nördlich von Dunfermline gelegene Städtchen Kinross schnell zu erreichen, das sich im geographischen Zentrum der Halbinsel an das Ufer des Loch Leven

Neben dem Schloss gilt im kleinen Falkland der Bruce-Brunnen als Attraktion

schmiegt. Schon Theodor Fontane fand während seiner Schottlandreise in der 2. Hälfte des 19. Jh.: »Das Land (…) gewinnt namentlich da, wo man des Leven-Sees ansichtig wird, einen eigentümlichen Zauber.« Mitten im See ragt eine kleine Burg aus den Fluten – **Loch Leven Castle**. In dem aus dem 14. Jh. datierenden Tower House stellten die schottischen Adligen 1567 Maria Stuart nach der Ermordung ihres zweiten Ehemannes und der überhasteten Heirat mit Lord Bothwell unter Hausarrest. Nach elf Monaten half ihr 1568 ein verliebter 16-jähriger Knappe zur Flucht, die allerdings kurz darauf in englischem Gewahrsam endete [s. S. 60].

i Praktische Hinweise

Information

TIC, 1 High Street, Dunfermline,
Tel. 013 83/72 09 99, Fax 013 83/62 58 07

26 Falkland

Auf dem Gelände des reich geschmückten königlichen Schlosses befindet sich u. a. der älteste Tennisplatz der Welt.

In dem netten Örtchen Falkland an den Ausläufern der Lomond Hills lohnt **Falkland Palace** (März–Okt. Mo–Sa 10–18, So 13–17.30 Uhr), das ehem. Jagdschlösschen der Stuarts, einen Besuch. Während die Vorderfront mit den beiden mächtigen Tortürmen noch im *gotischen Stil* errichtet wurde, zeigt die Gartenfassade bereits deutlich Einflüsse der *Renaissance*. Fünf Tage nach der Geburt von Maria Stuart starb hier ihr erst 30-jähriger Vater Jakob V. Es heißt, zwei schlechte Nachrichten hätten ihn in tiefe Depressionen gestürzt: Zum einen hatten die Engländer seinem Heer gerade eine schwere Niederlage bereitet, zum anderen war mit Tochter Maria nicht der ersehnte männliche Erbe geboren worden.

Maria Stuart hielt sich nach eigenem Bekunden gerne in Falkland auf. Hier schöpfte sie neue Kraft, wenn ihr ihre Widersacher arg zugesetzt hatten. Hier spielte sie auch Tennis: Der noch immer benutzte *Court* von Falkland ist der älteste Tennisplatz weltweit.

Obwohl Falkland Palace nach wie vor im Besitz der englischen Königsfamilie ist, kann man das Gebäude und den Garten besuchen, wo immer noch viele Einzelheiten an die letzte schottische Stuart-Königin erinnern.

27 St. Andrews

Golf spielen und studieren kann man in dem reizenden Städtchen an der Nordsee nach Herzenslust.

Allemal einen Besuch wert ist das an der Ostküste gelegene St. Andrews, wo 1410 Bischof Henry Wardlaw die erste **Hoch-**

schule auf schottischem Boden und damit nach Oxford und Cambridge die dritte Universität in ganz Britannien gründete. Rund 300 Jahre zuvor, 1144, hatte der Ort bereits die Stadtrechte erhalten. 1160 begannen auf Initiative von Bischof Arnold die Arbeiten an der **St. Andrews Cathedral** und 1318 konnte das prachtvolle Gotteshaus geweiht werden. Die Kathedrale war einer der größten und schönsten Dome im gesamten Inselreich. Doch fanatische Anhänger des John Knox zerstörten sie im 16. Jh. in ihrem religiösen Wahn. Nachfolgende Generationen nutzten die Ruine als Steinbruch, doch sind die Reste selbst heute noch eindrucksvoll.

TOP TIPP

Aus dem weiten Ruinenareal inmitten von St. Andrews ragt der Turm der **St. Regulus Church** in den oft wolkenverhangenen Himmel. 151 Stufen führen hinauf zur Spitze und von dort oben bietet sich dem Besucher ein prachtvoller Panoramablick auf die kleine Universitätsstadt.

Nahe der Kathedralruine und hoch über dem Meer thronen auf einem Felsvorsprung die Überreste des um das Jahr 1200 erbauten burgähnlichen **Bischofssitzes** der Stadt. 1546 ließ Kardinal Beaton den Protestanten George Wishart vor der Festung als Ketzer verbrennen. Einen Monat später drangen die calvinistischen Glaubensbrüder des Märtyrers in die Burg ein und ermordeten den blutrünstigen Kirchenmann.

Im nordwestlichen *Sea Tower* befindet sich das gruselige *Bottle Dungeon*, das wie eine Flasche geformte Verlies, in dem die Leiche des ermordeten Kardinals in Salzlake konserviert blieb. Im Straßenpflaster vor der Burg finden sich die Initialen des Märtyrers George Wishart und markieren den Ort, wo der standhafte Protestant den Tod fand.

Bekannter als für seine Historie ist St. Andrews aber in aller Welt als **Mekka der Golfer**. Schon im 15. Jh. wurden hier Bälle geschlagen. Maria Stuart zum Beispiel war eine begeisterte Spielerin und ihr Sohn Jakob VI. machte das Spiel auch in England populär. 1754 bekamen die hiesigen Golfer den Titel *Royal and Ancient* zugesprochen und die Mitglieder dieses exklusiven Zirkels legten alsbald den verbindlichen Regelkanon des Spiels fest. Heutzutage werden in St. Andrews die *British Open* ausgetragen. Zu dieser Gelegenheit zieht es alle zwei Jahre weit über 200 000 Besucher aus aller Welt in den 10 000-Einwohner-Ort.

Auch an der Universität von St. Andrews ist die Freude am ›Graduation Day‹ groß

Gegenüber des feinen Clubhauses informiert das **British Golf Museum** (Ostern–Okt. Mo–Sa 9.30–17.30, So 10–17, sonst tgl. 10–16 Uhr) den Besucher über den noblen Sport.

i Praktische Hinweise

Information

TIC, 70 Market Street, St. Andrews, Tel. 013 34/47 20 21, Fax 013 34/47 84 22

Hotels

TOP TIPP

******St. Andrews Golf Hotel**, 40 The Scores, St. Andrews, Tel. 013 34/47 26 11, Fax 013 34/47 21 88, www.standrews-golf.co.uk. Familienbetrieb, 200 m vom ›Old Course‹ entfernt.

******The Scores Hotel**, 76 The Scores, St. Andrews, Tel. 013 34/47 24 51, Fax 013 34/47 39 47. Freundliches Haus in viktorianischem Gebäude mit Strandblick.

Restaurants

Cellar, 24 East Green, Anstruther (10 km südlich von St. Andrews), Tel. 013 34/31 03 78. Gourmetrestaurant mit exzellenter Küche und hervorragender Weinkarte.

TOP TIPP

Peat Inn, im Weiler Peat 9 km südwestlich von St. Andrews an der Kreuzung B 940/B 941, Tel. 013 34/84 02 06. Eines der besten Restaurants auf der Halbinsel Fife.

The Seafood Restaurant, The Scores, St. Andrews, Tel. 013 34/47 94 75. Exzellentes Fischlokal in einem Glaskubus direkt am Meer (hinter dem Golfmuseum.

Grampian Highlands – Natur pur

Fast zwei Drittel Schottlands nehmen die Highlands ein – eine Landschaft, die sich sehen lassen kann. Da gibt es spektakuläre Bergpanoramen, atemberaubende Aussichten auf hohe, raue Gebirgszüge und in lange, düstere Täler. Dunkle, unergründlich tiefe Seen und leise murmelnde Flüsse und Bäche kontrastieren mit grauen Hochmoorebenen und den wenigen landwirtschaftlich genutzten Regionen.

Die **Highlands** sind im Verständnis der Besucher das wahre Schottland. Hier war jahrhundertelang das soziale Leben nach den Prinzipien der *Clans* organisiert, hier herrschten die *Chieftains* absolut über das Land und ihre Untertanen, hier focht eine Sippe gegen die andere. Im schottischen Hochland verdichten sich die Klischees zu greifbaren Bildern. Dies ist auch das Schottland, das in den historischen Romanen von Sir Walter Scott beschrieben wird. Damit machte er Britanniens Norden in ganz Europa bekannt und setzte eine Reiselust ohnegleichen in Gang.

Reisen ist aber so einfach nicht zwischen den Bergketten und den langen Tälern, denn hauptsächlich gibt es Nord-Süd-Verbindungen, kaum verlaufen Straßen von West nach Ost – das führt auch heute noch zu langen Umwegen. Die modernen Strecken folgen denn auch fast ausnahmslos jenen Routen, die der englische General *George Wade* ab 1724 anlegen ließ, so auch die als ›**Traumstraße der Highlands**‹ bekannte A 9, die von Stirling über Perth und vorbei an einer Reihe kleiner, attraktiver Dörfer nach Inverness, der Hochlandkapitale, führt.

Bei Inverness liegt auch das graue *Hochmoor von Culloden*, wo 1746 die letzte Schlacht zwischen Engländern und Schotten stattfand. Wie fast alle vorherigen auch, verloren die Schotten den Kampf und wurden gnadenlos niedergemetzelt. Kein Wunder, dass die Highlands auch heute noch als Hochburg der schottischen **Unabhängigkeitsbestrebungen** gelten. Es geht dabei wohlgemerkt nicht um ewig rückwärtsblickenden Revanchismus, sondern um den Ausdruck tief empfundenen und nach wie vor begangenen Unrechts der Engländer an den Schotten. Die separatistischen Strömungen sind in Schottland außerordentlich stark – im Norden mehr, im Süden etwas weniger – und auch prominente Schotten zählen zu den öffentlichen Sympathisanten, etwa der Schauspieler Sean Connery oder der Sänger Rod Steward.

28 Perth

Scone Palace

Reich an Geschichte ist das freundliche Städtchen, wenngleich nur wenig alte Bausubstanz erhalten blieb.

Der kleine Marktflecken (43 000 Einw.) am River Tay wird von den beiden großen Grünanlagen *North* und *South Inch* eingerahmt. Perth geht auf eine ursprünglich römische Siedlung zurück und war von 1210 bis 1437 mehrmals **Sitz schottischer Könige**, des Parlaments und der höchsten Gerichte. Baulich erinnert an die große Vergangenheit heute nur noch wenig. Zu sehen ist beispielsweise noch die *St. John's Church*, in der 1599 der schottische Reformator John Knox mit seiner fanatischen Rede gegen die ›Götzendienerei‹ den Anlass zu dem verheerenden Bildersturm seiner Anhänger gab.

◁ *Dunnottar Castle – gebaut als meerumtoste Trutzburg*

Mit der zerstörten Scone Abbey hat der nahe Scone Palace nur noch den Namen gemein

Nahe der Perth Bridge zeigt in einem wuchtigen Gebäude mit imposantem, säulengeschmücktem Portal und großer Kuppel das **Museum and Art Gallery** (Mo–Sa 10–17 Uhr) Gold-, Silber- und Glasarbeiten aus lokaler Fertigung sowie Gemälde schottischer Landschaftsmaler wie John Millais oder Henry und David Wilkie.

Der bewegten britischen und schottischen Militärgeschichte ist das **Balhousie Castle Museum** (Mo–Fr 10–15 Uhr) im Norden von Perth gewidmet.

Scone Palace

4 km nördlich vom Stadtzentrum liegt an der A 93 Scone Palace einer der bedeutendsten Orte schottischer Historie. Hier wurde 843 Kenneth MacAlpin zum Herrscher über ein geeintes schottisch-piktisches Königreich gekrönt und in den folgenden Jahrhunderten empfingen die schottischen Monarchen in **Scone Abbey** ihre Weihen. 1559 fiel die Krönungskirche Scone Abbey fanatischen Protestanten zum Opfer und heute weist nichts mehr auf Schottlands Geburtsstunde hin.

Dafür steht an dieser historischen Stelle seit 1812 der prachtvolle **Scone Palace** (April–Okt. tgl. 9.30–17.30 Uhr) des Earl of Mansfield. In dem hochherrschaftlichen Anwesen werden französisches Mobiliar, kostbare Elfenbeinschnitzereien aus dem 17. Jh. sowie eine der weltweit wertvollsten Porzellansammlungen gezeigt.

i Praktische Hinweise

Information

TIC, West Mill Street, Perth, Tel. 017 38/45 06 00, Fax 017 38/44 48 63. www.perthshire.co.uk

Hotels

******Parklands**, St. Leonard's Bank, Perth, Tel. 017 38/62 24 51, Fax 017 38/62 20 46, www.parklandshotelperth.com. Edwardianisches Stadthaus mit Blick über den South Inch Park.

*****Queen's Hotel**, Leonard Street, Perth, Tel. 017 38/44 22 22, Fax 017 38/63 84 96, www.queensperth.co.uk. Großes und gutes City Centre Hotel.

Restaurant

Let's Eat, 77–79 Kinnoull Street, Perth, Tel. 017 38/64 33 77. Seit 1995 ist das Let's Eat mit seiner preisgekrönten Küche das beste Restaurant von Perth.

29 Dundee

Glamis Castle – House of Dun

Das Meer prägt nach wie vor die traditionsreiche Hafenstadt am Firth of Tay.

Eine der größten Katastrophen, die je das kleine Schottland erschütterten, ereignete sich am Abend des 28. Dezember

1879 in Dundee. In dieser sturmgepeitschten Nacht brach die mit fast 3 km damals längste **Brücke** der Welt über den **Firth of Tay** zusammen und riss einen Zug mit 75 Menschen in die Tiefe. Unter dem Eindruck des Entsetzens schrieb Theodor Fontane sein berühmtes Gedicht ›*Die Brücke am Tay*‹ mit dem bekannten Kernsatz: »Tand, Tand ist das Gebilde von Menschenhand«. Der Glaube an die Allmacht der Technik hatte einen schweren Dämpfer erlitten. Noch heute sieht man die meisten der 85 Brückenstümpfe aus dem Wasser ragen.

In viktorianischer Zeit war Dundee berühmt für seine drei ›J's‹, nämlich **Jute, Jam and Journalism**. Hier wurde in großem Stil Jute produziert. Es heißt, eine Hausfrau der Stadt erfand die Marmelade (Jam), die alsbald in vielen Fabriken für Arbeit sorgte. Und bis heute befinden sich hier Redaktion und Druckerei der großen ›Sunday Post‹; nach wie vor gehen von Dundee aus die beliebten ›Beano‹ und ›Dandy Comics‹ ins ganze Inselreich. Trotzdem hat Schottlands viertgrößte Stadt mit großen Strukturproblemen zu kämpfen, die Arbeitslosenzahlen sind sehr hoch und vor allem junge Menschen ziehen fort.

Sieht man einmal vom Innenstadtgebiet mit seinen vielen schönen, viktorianisch geprägten Gebäuden ab, dümpeln im Hafenbecken zwei weitere Attraktionen der Tay-Metropole. Da liegt einmal am Riverside Drive Kai die RRS (Royal Research Ship) **Discovery**, die 1901 vom Stapel lief und mit der Captain Robert F. Scott seine so tragisch verlaufende Antarktis-Expedition unternahm. Gleich nebenan kann der Besucher im Informationszentrum **Discovery Point** (April–Okt. Mo–Sa 10–18, So 11–18, Nov.–März bis 17 Uhr) die Antarktis in Ausstellungen und Filmen kennen lernen – sehr spannend und völlig gefahrlos.

Am gegenüberliegenden Pier droht die **Unicorn** (April–Okt. tgl. 10–17, Nov.–März Mi–Fr 12–16, Sa/So 10–16 Uhr), eine mit über 40 Kanonen bestückte Fregatte. Das Kriegsschiff wurde 1824 fertig gestellt und bei der Besichtigung kann man sich ausführlich über das harte Leben der Matrosen an Bord informieren.

An Land sind die beiden Kirchen interessant: einmal die *St. Andrew's Church* aus dem 18. Jh. mit ihren starkfarbigen Buntglasfenstern und zum anderen die knapp 100 Jahre jüngere neogotische *St. Paul's Cathedral*.

Der Stone of Scone

Zu seiner Krönung 843 thronte der geschichtlich als 1. König der Schotten anerkannte **Kenneth MacAlpin** auf einem Steinblock mit angeblich mystischer Vergangenheit – dem Stone of Scone. Für rund 400 Jahre nahmen während der Krönungszeremonie alle schottischen Herrscher auf diesem ›**Schicksalsstein**‹ Platz. Doch 1296 raubte Eduard I. den rechteckigen Block und brachte ihn nach London in die Westminster Abbey, wo er in den englischen **Krönungsstuhl** eingepasst wurde.

1952 bestieg Elizabeth II. den Thron. Wenige Monate vor ihrer Krönung 1953 entwendeten schottische Nationalisten den Stone of Scone aus der Westminster Abbey. Nach einem halben Jahr jedoch wurde das gute Stück im schottischen Örtchen Arbroath gefunden und wieder nach England zurückgebracht. Hartnäckig aber halten sich Spekulationen, dass dies ein wertloser Stein sei. Wer weiß, vielleicht ist es auch wahr, dass schon vor 700 Jahren die Mönche von Scone Abbey den wahren **Stone of Destiny** in einer geheimen unterirdischen Kammer vor den Begehrlichkeiten der Engländer verborgen haben.

Im November 1996 überraschte der damalige konservative Premierminister John Major die Schotten damit, dass er ihnen den Stone of Scone zurückgab. Nach genau 700 Jahren kam der Stein damit wieder in seine Heimat.

Ungefähr auf halbem Weg zwischen den beiden Gotteshäusern lohnt ein Abstecher zu den **McManus Galleries** (Mo–Sa 10.30–17, So 12.30–16 Uhr). Besondere Beachtung verdienen in dem prachtvollen viktorianischen Gebäude, das auch als Stadtmuseum dient, die archäologische und die Jugendstil-Sammlung.

Glamis Castle

Dundee ist der Ausgangspunkt für die 14 km lange Fahrt über die A 90 und A 928 nach Norden, wo beim Ort Glamis das berühmte gleichnamige Schloss liegt.

Unter den vielen schottischen Burgen und Tower Houses gehört *Glamis Castle* (April–Okt. tgl. 10–18 Uhr) ohne Zweifel zu den verspieltesten. Hier wurde der im 19. Jh. beim schottischen Hochadel so überaus beliebte *Baronial Style* vollends auf die Spitze getrieben: Überall finden sich Türmchen, Erker, Zwiebelkuppeln, Zinnen, Schießschartenfenster, Wasserspeier oder Kamine. Ursprünglich einmal als einfaches Jagdhäuschen gedacht, wurde das Gebäude ab dem 14. Jh. immer wieder modifiziert und erweitert.

Im 16. Jh. ließ König Jakob V. im Zuge von Thronstreitigkeiten Lady Glamis nach langer Gefangenschaft als Hexe verbrennen. Folgerichtig soll die unglückliche adlige Dame nun als Gespenst durch die Hallen und Gewölbe des herrschaftlichen Anwesens spuken. Shakespeare machte das Schloss vollends berühmt, denn der Königsmörder Macbeth war *Than of Glamis* (und Cawdor). Queen Mum und Prinzessin Margaret, die 2002 verstorbene Mutter bzw. Schwester von Elizabeth II., erblickten hier das Licht der Welt. Glamis Castle liegt in einem großen *Parkgelände*, durch das Rotwild streift und Pfauen stolzieren.

Im Örtchen Glamis selbst sollte der sozialhistorisch interessierte Schottland-Reisende das **Angus Folk Museum** (April–Sept. tgl. 11–17 Uhr) nicht auslassen, denn hier sind viele Exponate zur Alltagsgeschichte der Region ausgestellt.

House of Dun

Einen Ausflug oder einen Besuch auf der Weiterfahrt nach Aberdeen lohnt auf jeden Fall das an der A 92 kurz hinter Montrose gelegene **House of Dun** (Juli/Aug. tgl. 11.30–17.30, Ostern–Juni/Sept. Mi–So 12.30–17.30 Uhr). Das Anfang des 18. Jh. von William Adam für Lord David Erskine entworfene **georgianische Landhaus** besticht auch durch seine überwältigende Dekorationsfülle im Inneren.

i Praktische Hinweise

Information

TIC, 21 Castle Street, Dundee, Tel. 013 82/52 75 27

Hotel

******Hilton Dundee**, Earl Grey Place, Dundee, Tel. 013 82/22 92 71, Fax 013 82/20 00 72, www.hilton.co.uk. Modernes Haus mit vielen Freizeiteinrichtungen am Ufer des River Tay.

30 Aberdeen
Dunnottar Castle

Die Ölbohrungen in der Nordsee bedeuten Arbeitsplätze, Geld und geschäftiges Leben für die historische Hauptstadt der Grampians.

Als *Granite City*, ›Stadt aus Granit‹, ist Aberdeen, die Metropole zwischen den Flüssen Dee und Don, im gesamten Königreich bekannt, denn die Stadtplaner ließen im 19. Jh. alle öffentlichen Gebäude aus dem Granit der umliegenden Steinbrüche bauen.

Um das Merchant Cross an der Union Street von Aberdeen scharen sich die Marktstände

Beeindruckendes Wahrzeichen Aberdeens ist das aus Granit erbaute Marischal College

Geschichte Der schottische König Alexander I. (reg. 1107–24) bezeichnete *›Aberdon‹* einmal als die wichtigste Stadt in seinem Königreich. Die alte Metropole besaß schon damals einen wichtigen *Fischereihafen* und war ein bedeutendes *Handelszentrum*. 1337 stürmte der englische Herrscher Edward III. mit seinen Truppen in die Stadt und brannte Aberdeen bis auf die Grundmauern nieder. Ein Jahrhundert später gründete Bischof Elphinstane die **Universität** in jenem Viertel, das heute als *Old Aberdeen* bekannt ist.

Rund um den Hafen brachte indes das geschäftige Kaufmannstreiben der Bevölkerung Reichtum und Wohlstand. In den folgenden Jahrhunderten ging es mit der wirtschaftlichen Vorrangstellung der Metropole stetig bergauf. In den Werften liefen so legendäre Klipper wie *Stornoway, Chrysolite* und *Thermopylae* vom Stapel und zwischen 1875 und 1896 sorgte der **Heringsboom** für weiteren Bevölkerungszustrom bis wegen Überfischung die Schwärme ausblieben.

Als es in der 2. Hälfte des 20. Jh. industriell sehr stark bergab ging, wurde das Nordsee-Öl entdeckt – gerade rechtzeitig für Aberdeen. Die Stadt wandelte sich zur **Offshore Capital of Europe** und avancierte zum Versorgungszentrum für die Bohrinseln in der Nordsee. Die Ölförderung sorgt für sichere Arbeitsplätze und so ist Aberdeen eine der wenigen Städte im strukturschwachen Norden des britischen Inselreichs mit geringen Arbeitslosenzahlen und gefülltem Stadtsäckel. Mit rund 250 000 Einwohnern ist die Öl-Metropole nach Glasgow und Edinburgh Schottlands drittgrößte Stadt.

Besichtigung Aberdeens von Ost nach West verlaufende und mit Läden des gehobenen Einzelhandels gesäumte *Union Street* ist die Hauptgeschäftsstraße der Metropole und durchzieht das gesamte Stadtzentrum. An ihrem östlichen Ende markiert das hohe, aus dem 17. Jh. datierende **Marktkreuz** den mittelalterlichen Handelsplatz und Gerichtssitz.

Einen Steinwurf entfernt ragt das granitene **Old Town House** auf, das heute als Bibliothek dient. Die mit Steinmetzarbeiten reich geschmückte Fassade zeigt das Wappen der Stadt sowie die Konterfeis einiger Stuart-Herrscher.

Um die Ecke in der Broad Street liegt Aberdeens bauliches Schmuckstück, das fast 100 m lange **Marischal College**. Im 19. Jh. aufwendig im neogotischen Stil erbaut, gehört dieses zweitgrößte Granitgebäude der Alten Welt heute zur Universität von Aberdeen. Besonders sehenswert ist das in einem Seitenflügel untergebrachte **Marischal Museum** (Mo–Fr 10–17, So 14–17 Uhr) mit anthropologischen Exponaten aus aller Welt, einer beachtlichen Gemäldesammlung und einer heimatkundlichen Ausstellung.

Gegenüber wird das aus dem 17. Jh. stammende, in Fachwerkbauweise errichtete **Provost Skene's House** (Mo–Fr 10–17, So 13–17) von hohen Bürobauten fast erdrückt. Der einstige Aberdeener Bürgermeister Sir George Skene lebte im 17. Jh. hier. Es ist das älteste erhaltene Wohnhaus Aberdeens und veranschaulicht heute u. a. mit seiner originalgetreuen Einrichtung das Leben des gehobenen Bürgertums jener Jahre.

Nicht weit westlich davon steht jenseits des Platzes um die zweigeteilte Pfarrkirche *St. Nicholas* in der Schoolhill Street **James Dun's House** (Mo–Sa 10–17 Uhr). Das kleine zweistöckige georgianische Heim des früheren Rektors der lokalen *Grammar School* enthält Ausstellungen zeitgenössischer Kunst und Exponate zur Stadtgeschichte.

Gegenüber, auf der anderen Straßenseite, liegt Aberdeens bedeutendstes Ausstellungsgebäude, die im neoklassizistischen Stil errichtete **Art Gallery** (Mo–Sa 10–17, So 14–17 Uhr), mit Gemälden und Skulpturen aus dem 18. bis 20. Jh. Der schottischen Malerei kommt besondere Bedeutung zu, aber auch zeitgenössische Arbeiten sowie Plastiken von Auguste Rodin, Edgar Degas, Barbara Hepworth oder Henry Moore sind zu sehen.

Nahe den Docks ist in der engen, zum Hafen hinunterführenden Gasse Shiprow im rund 400 Jahre alten Provost Ross's House das **Maritime Museum** (Mo–Fr 10–17, So 12–15 Uhr) untergebracht, das keine Fragen zur Seefahrt offen lässt.

Im **Hafen** liegen die Versorgungsschiffe für die Bohrinseln, Hochseeschlepper, Fisch-Trawler, ja ganze schwimmende Fischfabriken. Einen frühmorgendlichen Blick auf den umtriebigen **Fischmarkt** in den renovierten Hallen sollte man nicht versäumen. Am Jamieson's Quay gehen die Autofähren der Reederei P & O nach Lerwick/Shetland Stromness/Orkney sowie zu den Faroer-Inseln ab. Zwischen 2,5 und 3 Mio. Tonnen Waren werden hier alljährlich umgeschlagen und annähernd 100 000 Passagiere nutzen den Hafen.

Frühaufsteher und Nachtaktive genießen sicher gleichermaßen einen Bummel durch **Old Aberdeen**. Das unter Denkmalschutz stehende Altstadtviertel am River Don ist von buntem studentischem Leben rund um die Universitätsgebäude geprägt. Zentral liegt hier die **St. Machar's Cathedral**, mit deren Bau bereits im 12. Jh. begonnen wurde. Trutzig-düster wie ihr Äußeres wirkt auch die prächtige, geschnitzte Eichendecke im Innern.

Der Glaube an die Auferstehung ist in Provost Skene's House bildlich festgehalten

Die Geschäftsstraße Union Street ist eine Lebensader von Aberdeen

TOP TIPP Dunnottar Castle

Das südlich von Aberdeen an der Küste gelegene *Dunnottar Castle* (Ostern–Okt. Mo–Sa 9–18, So 14–17 Uhr, sonst Fr–Mo 10 Uhr bis Sonnenuntergang) können Besucher bereits auf der Anfahrt von Dundee aus besuchen. Der Halt lohnt sich, denn es handelt sich um *eindrucksvolle Burgruinen* vor einem grandiosen Felsküstenpanorama. Rund 50 m hoch über der See liegt auf einem ins Wasser ragenden, nach drei Seiten steil abfallenden Vorgebirge die noch immer mächtig und wehrhaft aussehende Festung. Nach den Annalen gründete im 5. Jh. der hl. Ninian eine christliche Siedlung an dem strategisch wichtigen Platz.

Anfang des 14. Jh. wollte William Keith den unter militärischen Gesichtspunkten so günstigen Platz nicht vertun und ließ hier auf dem geweihten Boden eine Burg errichten. Die Keith-Familie avancierte als *Earls Marischal* zu den Bewahrern der schottischen Reichsregalien. 1651/52 belagerte der englische Lord Protector Oliver Cromwell (1599–1658) acht Monate lang die Festung, um an die identitätsstiftenden Insignien zu kommen. Sie waren aber bereits herausgeschmuggelt worden und lagerten unter der Kirchenkanzel des nahe gelegenen Örtchens Kinneff. Cromwell musste unverrichteter Dinge wieder abziehen.

i Praktische Hinweise

Information

TIC, 23 Union Street, Aberdeen, Tel. 01224/288828

Hotels

******Thistle Aberdeen Altens**, Souterhead Road, Altens, Aberdeen, Tel. 01224/877000, Fax 01224/896964, www.thistlehotels.com. Hotel in ruhiger Lage, etwas außerhalb des Zentrums.

*****Dyce Skean Dhu Hotel**, Farburn Terrace, Aberdeen, Tel. 01224/723101, 01224/722965, www.thistlehotels.com. Modernes Haus nahe am Flughafen, viele Freizeit- und Sportmöglichkeiten.

*****Queen's Hotel**, 51–53 Queen's Road, Aberdeen, Tel. 01224/209999, Fax 01224/209009, www.the-queens-hotel.com. Familiengeführte Herberge im Herzen des West Ends.

Restaurants

Silver Darling, Pocra Quay, Aberdeen, Tel. 01224/576229. ›Fresh fish from the boats is the star of the show.‹ Hierher kommt man wegen des frischen Fisches.

Courtyard on the Lane, 1 Alford Lane, Aberdeen, Tel. 01224/213795. Unten Martha's Vineyard Bistro für Imbisse, oben Restaurant mit sehr guter schottisch-französischer Küche.

Pub

Prince of Wales, 7 Nicholas Lane, Aberdeen. Gemütliche individuelle Kneipe in einer schmalen, kopfsteingepflasterten Seitenstraße der Union Street.

31 Tal des Dee

Drum Castle – Crathes Castle – Ballater – Balmoral Castle

Dem eigentümlichen Zauber dieses Tales verfiel schon im 19. Jh. Königin Victoria.

Von Aberdeen aus folgt die A 93 nach Westen dem malerischen Lauf des Flüsschens Dee. Der gefällereiche Dee ist bekannt für seine reichen *Lachsgründe*. Ob Angler oder nicht, der Schönheit der wildromantischen Landschaft kann sich kein Besucher entziehen.

Zu Zeiten hat auch das Volk Zutritt zum königlichen Schloss Balmoral Castle ▷

Drum Castle

Als erster Besichtigungspunkt bietet sich, nur 15 km westlich von Aberdeen, *Drum Castle* (Juni–Aug. tgl. 10–17.30, Ostern–Mai/Sept. tgl. 12.30–17.30, Uhr) mit seinem hervorragend erhaltenen Wohnturm an. Im Inneren des massigen **Granitschlosses** aus dem 13. Jh. und seinem angebauten Herrenhaus aus dem 17. Jh. erregen besonders die Schnitzarbeiten im Salon Aufmerksamkeit. Drum Castle ist aber vor allem berühmt für seinen ausgedehnten, prächtigen **Forstgarten** mit eindrucksvollen Bäumen und für den wunderbaren Rosengarten.

TOP TIPP

Crathes Castle

5 km östlich von Banchory liegt *Crathes Castle* (Ostern–Sept. 10–17.30, Okt. 10–16.30, sonst Do–So 10–15.45 Uhr), das durch einen originellen Turm auffällt. Der im Grundriss L-förmige Stammsitz derer von Burnett präsentiert sich in üppigem *Baronial Style*. Ursprünglich stammt das Schloss aus dem 16. Jh. und etwa aus derselben Zeit datieren die kunstvoll bemalten *Holzdecken*, wegen denen Crathes Castle gerne besucht wird. Aber auch die *Long Gallery* im Speichergeschoss ist sehenswert – und einzigartig in Schottland .

Ballater

Das winzige, sehr sympathische 1200-Seelen-Örtchen eignet sich gut als Ausgangspunkt für Wanderungen und Touren im westlichen Tal des River Dee. Zwei Besonderheiten machten den Weiler schon im 19. Jh. bekannt. Zum einen war es das gute **Felsquellwasser**, das Tuberkulosekranken eine Linderung ihrer Beschwerden brachte. Zum anderen war es die hochlandversessene Königin Victoria, die oft im hiesigen Bahnhof ausstieg. Einige Kilometer entfernt befindet sich nämlich *Balmoral Castle*, auch heute noch die königliche Schottland-Residenz der Windsors. Von Ballater aus führt eine 15 km lange Straße durch das Glen Muick zum **Loch Muick**. Hobbyfotografen sollten ihre Kameras bereithalten, denn mit ziemlicher Sicherheit kommt eine Herde Rotwild ins Blickfeld. Rund um den stillen, waldumstandenen See führt ein Wanderpfad und lädt zu einem geruhsamen Spaziergang ein. Am Loch Muick beginnt auch der Aufstieg zum Gipfel des 1155 m hohen **Lochnagar**; Bergwanderausrüstung ist für die Besteigung notwendig.

Gern und oft reiste Königin Victoria mit ihrer Familie ins schottische Hochland

Weit ist der Lochnagar nicht von der königlichen Residenz Balmoral entfernt und Charles, der *Prince of Wales*, mag ihn vielleicht sogar einmal bestiegen haben. Auf alle Fälle – von wem oder was auch immer inspiriert – hat der Thronfolger das Kinderbuch *›Der alte Mann vom Lochnagar‹* geschrieben, das bei Kritikern wie bei Kindern gut ankommt.

Balmoral Castle

Ihre schottische *Sommerresidenz* verdankt die englische Königsfamilie ihrer Ahnin Königin Victoria (reg. 1837–1901). Sie und Prinzgemahl Albert von Sachsen-Coburg kamen im Jahr 1842 erstmals nach Schottland. Beide waren sogleich begeistert von der rauen Landschaft und den unkomplizierten Menschen im Hochland. Darum baute Albert Balmoral Castle als Geschenk für seine geliebte Victoria um: ein Schlösschen aus weißem Marmor im *Baronial Style* mit Erkern, Zinnen, Türmchen und eindrucksvoller, doch funktionsloser Wehrarchitektur.

Traditionell weilt die königliche Familie im August und September in der Hochlandresidenz. Zu besichtigen sind – während ihrer Abwesenheit – in Balmoral nur Park und *Ballsaal* (wenn für Besucher geöffnet: Mo–Sa 10–17 Uhr), in dem viele Fotos die Geschichte der Windsors in Schottland erzählen.

i Praktische Hinweise

Information

TIC, Banchory Bridge Street, Banchory, Tel. 013 30/82 20 00

TIC, Station Square, Ballater Tel. 01 33 97/5 53 06

Hotels

Top Tipp *****Hilton Craigendarroch**, Braemar Road, Ballater, Tel. 01 33 97/5 58 58, Fax 01 33 97/5 54 47, www.hilton.co.uk/craigendarroch. Elegantes Country House, das auch mit einem exzellenten Restaurant aufwartet.

****Darroch Learg Hotel**, Braemar Road, Ballater, Tel. 01 33 97/5 54 43, Fax 01 33 97/5 52 52. Malerisch über dem Städtchen inmitten eines 2 ha großen Parks gelegenes Landhaus.

***The Deeside Hotel**, Braemar Road, Ballater, Tel. 01 33 97/5 54 20, Fax 01 33 97/5 53 57, www.royal-deeside.org.uk. Familiengeführtes Haus in ruhiger Lage.

****Alexandra Hotel**, 12 Bridge Square, Ballater, Tel. 01 33 97/5 53 76, Fax 01 33 97/5 54 66. Kleines, freundlich geführtes Hotel im Ortszentrum.

Restaurants

Darroch Learg, Braemar Road, Ballater, Tel. 01 33 97/5 54 43. Sehr gute, moderne schottische Küche.

Top Tipp **Green Inn**, 9 Victoria Road, Ballater, Tel. 01 33 97/5 57 01. Für viele ist es das beste Restaurant der Region. Auch die Weinkarte ist ganz hervorragend.

32 Braemar

Linn of Dee – Skigebiet Glenshee

Großartige Highland Games und mit etwas Glück einen Blick auf Mitglieder der königlichen Familie hat das Dorf zu bieten.

In Braemar schrieb Robert Louis Stevenson [s. S. 53] 1882/83 seinen berühmten Abenteuerroman ›Die Schatzinsel‹. Doch diese Tatsache hatte und hat wenig Einfluss auf das ruhige Leben hier. Nur einmal im Jahr erwacht das winzige Örtchen aus seinem Dornröschenschlaf. Wenn nämlich Königin Elizabeth II. im nahe gelegenen *Balmoral Castle* [s. S. 75] ihren Sommerurlaub verbringt und sonntags in Braemar die Messe besucht.

Alljährlich am jeweils ersten Samstag im September beginnen die eindrucksvollen **Braemar Highland Games** (www.braemargathering.org), die von der königlichen Familie besucht werden und mit ihren originellen Sportwettkämpfen zu den berühmtesten Hochlandspielen zählen [s. S. 8].

TOP TIPP

Etwas außerhalb des Dorfzentrums ragt **Braemar Castle** (Mai–Okt. Sa–Do 10–17.30 Uhr) inmitten einer kleinen Lichtung auf. Das L-förmige Tower House wurde 1628 vom Earl of Mar als Jagdsitz errichtet, knapp 60 Jahre später vom berüchtigten Black Colonel John Farquharson niedergebrannt und bald wieder aufgebaut. Wegen der frevelhaften Tat soll er als Hausgeist durch die Burg spuken.

Linn of Dee

Eine 10 km lange Stichstraße führt westlich von Braemar zur **Klamm** Linn of Dee, wo der River Dee sich vom gemächlich plätschernden Flüsschen in ein schäumendes Wildwasser verwandelt. Mit ein wenig Glück sieht man in der Zeit von April bis September, wie sich dort Lachse der reißenden Strömung entgegenstemmen und springend versuchen, die Kaskaden zu überwinden.

Skigebiet Glenshee

Einige Kilometer nördlich des Wintersportortes Glenshee steigt die A93 zum 665 m hohen Pass *Devils Elbow* an. Die umliegenden Berge sind Zentrum des hiesigen Ski-Tourismus und eine ganze Reihe von Liften führt die Hänge hinauf. Bei schönem Wetter bringt im Sommer eine Seilbahn die Besucher auf den Gipfel des 938 m hohen **Cairnwell**, von dem aus sich ein atemberaubender Blick auf die zentralen schottischen Highlands eröffnet.

Auf einer kleinen Erhöhung, direkt an der A 93 nahe den Ski-Liften, sitzen die beiden hölzernen *Skulpturen* des Bildhauers Malcolm Robertson, die ein voneinander angeödetes Ehepaar darstellen.

i Praktische Hinweise

Information

TIC, The Mews, Mar Road, Braemar, Tel. 01 33 97/4 16 00, Fax 01 33 97/4 16 43

Nicht nur das kritische Fachpublikum genießt die Highland Games

Wahre Menschenmassen wohnen alljährlich in Braemar sportlichen Höchstleistungen bei

Hotel

****Invercauld Arms**, Braemar, Tel. 01 33 97/4 16 05, Fax 01 33 974 14 28, Nobles, unaufdringliches Country House.

33 Dunkeld

Die kleine Kathedralstadt am River Tay strahlt den bezaubernden Charme einer Puppenstube mit viel Flair aus.

Dazu trägt nicht unerheblich der pittoreske zentrale Marktplatz bei, in dessen Mitte ein hohes *Marktkreuz* aufragt. Er ist gesäumt von hübsch renovierten, weiß gekalkten Häuschen aus dem 17. Jh. Eines dieser **Little Houses** beherbergt heute ein Geschäft des *National Trust for Scotland*, in einem zweiten helfen die Mitarbeiterinnen und Mitarbeiter der örtlichen Tourist Information dem Besucher weiter und in einem dritten kann man sich im *Scottish Horse Regimental Museum* mit der Geschichte dieses Reiterregiments vertraut machen, das während der Burenkriege im 19. Jh. gegründet wurde.

Nach nur wenigen Schritten steht man vor der **Kathedrale** des kleinen Örtchens, die überaus attraktiv auf einer sattgrünen, mit hohen Bäumen bewachsenen Flussaue in den Himmel ragt. Ungewöhnlich ist die Anlage des Gotteshauses, denn in der Ruine des Hauptschiffs aus dem 15. Jh. mit intaktem Uhrturm befindet sich der renovierte Chor, der heute als Diözesankirche dient. Mitte des 9. Jh. war Dunkeld eine der königlichen Residenzen Kenneth MacAlpins.

Generationen von Kindern sind in Großbritannien übrigens mit den Geschichten von *Beatrix Potter* (1866–1943) aufgewachsen. Die Erfinderin der liebenswerten Figuren Peter Rabbit und Jemima Puddle-Duck verdankte nach eigenem Bekunden den Ferien in und um Dunkeld ihre Inspirationen.

i Praktische Hinweise

Information

TIC, The Cross, Dunkeld, Tel. 013 50/72 76 88

Hotel

Hilton Dunkeld House, Dunkeld, Tel. 013 50/72 77 71, Fax 013 50/72 89 24, www.hilton.co.uk. Country House mit Ausblick über den River Tay.

Restaurant

TOP TIPP **Kinnaird Restaurant**, Kinnaird Estate (ca. 4 km nördlich von Dunkeld; B 898 Richtung Dalguise), Tel. 017 96/48 24 40. Exzellentes Feinschmeckerlokal, rechtzeitiges Reservieren ist ratsam, Übernachtung möglich.

An der High Street liegt etwas versteckt die ungewöhnliche Kathedrale von Dunkeld

34 Pitlochry

Edradour Distillery – Pass of Killicrankie – Blair Atholl

Theaterbegeistertes ›Lachs-Dorf‹ am Fuße hoher Berge mit der einzigen Privatarmee Großbritanniens als Nachbar.

Mitten im anmutigen Tals des River Tummel liegt der 3000 Seelen zählende *Luftkurort* Pitlochry. Während der Saison befinden sich weitaus mehr Besucher als Einwohner im Ort, denn Pitlochry eignet sich hervorragend als Standquartier für Ausflüge in die Highlands oder Wanderungen in die umliegenden Gebirgszüge. Pitlochrys zwei Hausberge sind im Westen am Loch Tay der **Ben Lawers** (1214 m) und am Loch Rannoch der **Schiehallion** (1083 m). Beide sind *Munros*, wie man in Schottland Berge über 3000 Fuß (ca. 900 m) Höhe nennt [s. S. 101].

Eine einzigartige Sehenswürdigkeit in Pitlochry ist – abgesehen von der Attraktivität der Landschaft – die **Lachsleiter** am lokalen Kraftwerk. Hier staut eine 20 m hohe Mauer das Flüsschen Tummel zum Loch Faskally auf. Eine künstliche Lachstreppe – 34 miteinander verbundene, ansteigende Bassins, drei davon als Rastplätze – ermöglichen den Fischen den Zug zu ihren Laichgründen. Das Becken an der *Kraftwerkstation* beim **Besucherzentrum** (Juli/Aug. tgl. 10–17.30, April–Juni/Sept./Okt. Mo–Fr 10–17.30 Uhr) enthält zwei Glasscheiben und wird durch Unterwasserlampen beleuchtet. So kann man sehen, wie die Lachse sich zwischen April und Oktober durch die mit großen Röhren verbundenen Bassins gegen die Strömung kämpfen. Eine Videokamera überträgt die Bilder der passierenden Lachse auf einen Monitor und ein elektronisches *Zählwerk* registriert jeden Fisch, der die Leiter hochschwimmt.

Seit 1951 schon wird in Pitlochry Theater gespielt, das schnell als **Theatre in the Hills** weit über die Grampian Highlands hinaus bekannt wurde. Bis 1981 traten die Ensembles in einem großen Zelt auf, dann konnte ein 540 Personen fassendes, preisgekröntes Theatergebäude eingeweiht werden, in dem nun alljährlich zur Saison ein bemerkenswertes ›Thespis Festival‹ stattfindet.

Wer nicht in das schottische Whisky-Land zu den lieblichen Seitentälern des weiter nördlich fließenden River Spey reist, sollte in Pitlochry am südlichen Ende der Hauptstraße die **Bell's Blair Whisky Distillery**, die dort seit 1798 betrieben wird, besuchen und sich über die Herstellung des reinen schottischen Malz-Whiskys informieren.

Edradour Distillery

Schottlands kleinste Brennerei, die seit 250 Jahren bestehende *Edradour Distillery* (März–Mitte Dez.. Mo–Sa 9.30–17, So

12–17 Uhr), liegt in einem kleinen Tal wenige Kilometer östlich von Pitlochry.

Einige landschaftliche Attraktionen in der Umgebung von Pitlochry sollte man auf keinen Fall auslassen. Einen Steinwurf nördlich vom Örtchen findet sich hoch in den Bergen der Aussichtspunkt Top Tipp **Queen's View**. Der Weg hinauf ist ausgeschildert. Seinen Namen verdankt der Platz der hochlandbegeisterten Königin Victoria, die 1866 hier stand und sich von dem grandiosen Landschaftspanorama mehr als entzückt zeigte: Weit schweift der Blick über die bewaldeten Inseln tief unten im blauen Loch Tummel, der an seinem linken Ufer überragt wird vom hohen, noch im Frühsommer schneebedeckten Schiehallion.

Pass of Killicrankie

Nicht weit nördlich von Pitlochry liegt der Pass of Killicrankie, ein enger, dicht bewaldeter Hohlweg, den der River Garry im Laufe von Jahrmillionen in den Fels gewaschen hat. Ein *Visitor Centre* (tgl. 10–17 Uhr) macht mit der Flora und Fauna der Region, aber auch mit der Schlacht von Killicrankie bekannt, die am 27. Juli 1689 hier tobte. Damals rieben die Schotten unter John Graham of Claverhouse, Viscount Dundee, die englischen Soldaten General Mackays vollständig auf.

Vom Besucherzentrum führt ein steiler Pfad hinunter in die Schlucht bis an das Ufer des River Garry. Bei dem beschaulichen Spaziergang passiert man auch den *Soldier's Leap*, einen Felskopf hoch über dem schäumenden Fluss. Von hier soll seinerzeit ein englischer Soldat in Todesangst einen gewaltigen Sprung über den River Garry gemacht und sich dadurch gerettet haben. Man ist beileibe nicht versucht, es ihm gleichzutun.

Blair Atholl

Nur ein kurzes Stück von Pitlochry auf der A 9 nach Norden und der kleine Weiler Blair Atholl ist erreicht. Hier wird kaum ein Besucher achtlos vorbeifahren, hat das Örtchen mit **Blair Atholl Castle** (April–Okt. tgl. 9.30–16.30 Uhr) doch eine herausragende Sehenswürdigkeit zu bieten. Die ältesten Teile des heute äußerlich blütenweißen Schlösschens datieren aus dem 13. Jh. Gut 500 Jahre später wurde die Burg entmilitarisiert und zu einem georgianischen Landhaus umgebaut. Mehr als 30 prachtvoll ausgestattete Räume können im Inneren besichtigt werden. Der Duke of Atholl, Besitzer des Schlosses, darf als einziger Brite im Königreich eine **Privatarmee** betreiben. Das Privileg geht auf Königin Victoria zurück. Die 80 Mann starke Truppe, bekannt unter dem Namen ›*Atholl Highlanders*‹, setzt sich aus den Angestellten des Herzogs zusammen. Einmal im Jahr, am letzten Samstag im Mai, marschieren die Top Tipp Mannen zur **Blair Atholl Parade** auf und defilieren in klassisch-schottischer Paradeuniform an ihrem Duke vorbei – in der Tat ein prächtiges Schauspiel.

Einen Tag später finden die **Blair Atholl Highland Games** auf dem Gelände des Schlosses statt. Dabei kann man noch einmal ausführlich die kilttragenden Hochlandkämpfer bewundern.

Praktische Hinweise

Information

TIC, 22 Atholl Road, Pitlochry, Tel. 017 96/47 22 15, Fax 017 96/47 40 46

Hotels

******Pine Trees Hotel**, Strathview Terrace, Pitlochry, Tel. 017 96/47 21 21, Fax 017 96/47 24 60, www.pinetreeshotel.co.uk. Schönes viktorianisches Country House.

*****Birchwood Hotel**, 2 East Moulin Road, Pitlochry, Tel. 017 96/47 24 77,

Märchenschloss Blair Atholl Castle

Das unverkennbare Design macht's

Der Tartan-Mythos

Tartan, so heißen die Schottenmuster der Kilts, und jeder Clan im hohen Norden der Britischen Insel hat sein eigenes Karo – **Sett** genannt – und seine eigene Farbe.

Der Name Tartan stammt vom französischen Wort **Tartaine** und ursprünglich wurde damit eigentlich nur eine bestimmte Stoffart bezeichnet. Erst als alle Hochland-Kilts mit den Karomustern verziert wurden, nahm der Ausdruck seine heutige spezielle Bedeutung an.

Das gälische Wort für derartige Stoffe lautete **Breacan**, was soviel wie ›teilweise farbig‹ oder auch ›gesprenkelt‹ bedeutet. Viele Besucher glauben, dass die Muster, anhand derer geübte Beobachter den jeweiligen Clan erkennen können, schon seit Jahrhunderten existieren. Tatsächlich gehen die Tartans auf die geschickte Schottland-Inszenierung und die darauf folgende Romantisierung der Highlands durch Sir Walter Scott zurück. Als nämlich Georg IV. 1822 als erster britischer Monarch Schottland einen offiziellen Besuch abstattete, überredete Scott die Clan-Chefs, in dem eigentlich seit der Schlacht von Culloden 76 Jahre zuvor verbotenen Kilt zum königlichen Empfang zu kommen. Es gelang dem berühmten schottischen Romancier sogar, den König selbst in einen Schottenrock zu stecken.

Nach diesem Besuch und der beginnenden Hochlandversessenheit von Königin Victoria brach unter den Royals und dem Hochadel die **Tartanocracy** aus, in der Folgezeit kamen die unterschiedlichen Schottenrock-Muster für die einzelnen Clans in Mode. Der königliche Prinzgemahl Albert von Sachsen-Coburg entwarf dann sogar selbst das **Balmoral-Karo**, das etwas eintönig grau geriet, aber seit jenen Tagen das offizielle königliche Muster ist und daher auch nur von den Royals getragen werden darf.

Fax 017 96/47 39 51, www.birchwoodhotel.co.uk. Sehr hübsches altes viktorianisches Landhaus in 2 ha großem Park.

*****Craigvrack Hotel**, West Moulin Road, Pitlochry, Tel. 017 96/47 23 99, Fax 017 96/47 39 90. Hoch auf einem Hügel über der Stadt gelegen.

*****Scotland's Hotel**, 40 Bonnethill Road, Pitlochry, Tel. 017 96/47 22 92, Fax 017 96/47 32 84, www.scotlandshotel.co.uk. Alteingesessenes Haus im Zentrum mit Sauna, Pool und Fitnesseinrichtungen.

Pub & Restaurant

Café Biba, Atholl Street, Pitlochry. Restaurant in einem niedrigen weißen Häuschen mit gemütlicher Atmosphäre.

Killicrankie Hotel, bei Pitlochry, Tel. 017 96/47 32 20. Die holzvertäfelte Bar ist berühmt und meistens gut besucht.

35 Tal des Spey

Kingussie – Aviemore – Carrbridge

Wandern und Wedeln in den Cairngorm Mountains – oder doch lieber ein erholsamerer Ausflug in die schottische Geschichte?

An Bekanntheit kann es das Flüsschen Spey vielleicht nicht mit anderen schottischen Gewässern aufnehmen, gewiss aber an landschaftlichen Höhepunkten. Immerhin führt der Weg von Kingussie bis Carrbridge durch eines der beliebtesten *Skigebiete* Schottlands, in dem romantische Seen auch außerhalb der ›weißen Saison‹ zum Bleiben einladen.

Kingussie

Man kann nicht gerade behaupten, dass das verschlafene Örtchen durch seinen Charme besticht. Allerdings wurde der

Man kann sich der alten Steinbrücke in Carrbridge noch getrost anvertrauen

Verfasser des *Ossian-Epos*, James Macpherson (1736–1796), hier geboren. Aktuellere Ehre legt Kingussie mit seinem **Highland Folk Museum** ein (April–Sept. Mo–Sa 9.30–17.30, Okt.–März Mo–Fr 9.30–16.30 Uhr). Sehr anschaulich macht es mit den früheren bäuerlichen Lebensumständen in den Highlands bekannt. Das originale, niedrige und rußgeschwärzte *Black House* lässt heutige Besucher noch im Rückblick auf das damalige harte Leben erschauern. Man mag kaum glauben, dass so ein Haus auf der Äußeren-Hebriden-Insel Lewis and Harris noch vor 40 Jahren bewohnt war.

Beim nahe gelegenen Weiler Kincraig bringt der **Highland Wildlife Park** den Besuchern schad- und gefahrlos die Tierwelt des schottischen Hochlandes näher. Mit etwas Glück kann man hier sogar Wölfe beobachten, außerdem Rotwild, Bisons, Hochlandrinder, Wildkatzen und an die 60 weitere Spezies.

Auf der Weiterfahrt nach Nordosten sollte man am **Loch-an-Eilean** auf jeden Fall einen Stopp einlegen. Wenn hier sacht die Nebel steigen, ist der romantische See, in seiner Mitte die so malerische Burgruine, der richtige Ort, sich dem ewig lockenden Zauber hinzugeben.

Aviemore

Bedeutend prosaischer geht es im modernen Wintersportzentrum Aviemore zu. Im Winter wird hier kein Vergnügen, das mit Schnee zusammenhängt, ausgelassen. Wenn auch die Berge der *Cairngorm Mountains* bleiben, mangelt es im Sommer der Betonarchitektur an Flair. Nur Eisenbahnfreunde finden dann einen guten Grund für einen längeren Aufenthalt. Täglich fährt schnaufend und prustend die sorgfältig restaurierte, aus dem 19. Jh. datierende Museumsbahn *Strathspey Railway* die Strecke zum Örtchen *Boat of Garten* hinauf und wieder herunter. Auf der Fahrt kommt man an dem Wild- und Naturschutzgebiet **Loch Garten Reserve** vorbei.

Carrbridge

Nur einen Steinwurf außerhalb des kleinen Örtchens informiert das **Landmark Visitor Centre** (Mitte Juli–Aug. tgl. 10–19, April–Mitte Juli 10–18, Sept.–März 10–17 Uhr) über das Leben in den Highlands. Im eigentlichen Besucherzentrum (mit Café und großem Buchladen) macht eine audiovisuelle Vorführung mit der Geschichte des Hochlandes bekannt, auf einem Waldlehrpfad bekommt der Besucher die Flora der Region erklärt. Ein altes, dampfbetriebenes Sägewerk vermittelt etwas Industriegeschichte, eine Ausstellung widmet sich der Holzfällerkunst und schließlich erlaubt ein 40 m hoher Holzturm einen weiten Rundblick über die dicht bewaldete Gegend.

i Praktische Hinweise

Information

TIC, Grampian Road, Aviemore,
Tel. 01479/810363, Fax 01479/811063

Hotels

******Hilton Coylumbridge**, Aviemore,
Tel. 01479/810661, Fax 01479/810534,

Ein Platz an der Sonne in Carrbridge

www.hilton.co.uk. Am Fuße der Cairngorm Mountains gelegen, 800 m vom Zentrum (ausgeschildert), mit Pool und Fitnesseinrichtungen.

***Corrour House Hotel**, Aviemore, Tel. 01479/810220, Fax 01479/811500, www.corrourhousehotel.co.uk. Gemütliches Hotel im Landhaus-Stil mit guter schottischer Küche.

Restaurant

The Cross, Tweed Mill Brae, Ardbroilach Road, Kingussie, Tel. 01540/661762. Exquisites Nichtraucherrestaurant in einer ehem. Tweed-Mühle.

36 Dufftown

›Rome was built on seven hills, Dufftown stands on seven stills‹ – wie Rom auf sieben Hügeln erbaut wurde, gründete sich Dufftown auf sieben Whisky-Destillen.

James Duff, der 4. Earl of Fife, gründete 1817 das Städtchen, um den ausgemusterten Soldaten der Napoleonischen Kriege Arbeitsplätze zu sichern. Sechs Jahre später öffnete die erste *Whisky-Destille* ihre Pforten und heute ist Dufftown die Metropole des schottischen Nationalgetränks.

Größte und berühmteste Destille vor Ort ist die von **Glenfiddich** (Mo–Fr 9.30–16.30, Ostern–Miite Okt. auch Sa 10–16.30 und So 12–16.30 Uhr). Sie zeigt, wie Wasser zu Whisky wird, und nach Abschluss der interessanten Besichtigungstour wird jeder Besucher mit einem – wie es in Schottland heißt – *Wee Drum*, einem Schluck Whisky, verabschiedet.

In Dufftown beginnt der ausgeschilderte, rund 100 km lange **Malt Whisky Trail**, der offiziell an acht zu besichtigenden Destillen vorbeiführt. Er läuft südwestlich durch Speyside, das auf den einzigartigen Geschmack seines Whiskys stolz ist. Die klingenden Namen unterwegs sprechen für sich: *Glenfarclas, Cardhu, Tamnavulin-Glenlivet* oder *Glen Grant*; Glenfiddich gehört natürlich auch dazu. Wer mit Rücksicht auf seine Fahrtüchtigkeit nicht allzu viel von dem ›flüssigen

An der Hauptstraße von Dufftown erkennt man die Whisky-Metropole nicht

Gold‹ kosten möchte, sollte doch wenigstens eine Flasche Scotch mit nach Hause nehmen.

Um die gewonnenen Erfahrungen im Herstellen von Whisky abzurunden, empfiehlt sich ein Besuch in der **Speyside Cooperage** (Mo–Fr 9.30–16 Uhr) im nahe Dufftown gelegenen Dorf Craigellachie. In dieser tätigen Böttcherei erklärt die Ausstellung ›*Acorn to Cask*‹ (›Von der Eichel zum Fass‹) die höchst wichtige Bedeutung der Fässer für die vollmundige Reife des Single Malt.

i Praktische Hinweise

Information

TIC, Clock Tower, The Square, Dufftown, Tel. 013 40/82 05 01

Unterkunft

Tannochbrae Guest House, 22 Fife Street, Dufftown, Tel. 013 40/82 05 41, www.tannochbrae.co.uk. Familiengeführte Pension im Ortszentrum. Im Restaurant wird schottische Küche mit frischen Zutaten der Region geboten.

37 Elgin

Pluscarden Abbey – Spynie – Forres

Malt Whisky und ein romantisches Trümmerfeld mit Kirchturm gelten als Wahrzeichen der pittoresken Distrikthauptstadt.

Die schönste **Kirchenruine** ganz Schottlands schreiben manche Vielgereiste dem Marktflecken am River Lossie zu.

1224 begannen die Arbeiten an der Kathedrale, 1270 zerstörte ein Brand weite Teile des Gotteshauses. 1390 legte Alexander Stuart, der missratene 4. Sohn von König Robert II., auch bekannt als ›*Wolf of Badonoch*‹, Feuer an die Kirche. Weitere schwere Zerstörungen brachten die Reformationswirren mit sich, als fanatische Bilderstürmer sich an dem katholischen Gotteshaus vergingen, schließlich brach 1711 der Vierungsturm ein. Seitdem wurde die einst so prächtige *Elgin Cathedral* als Steinbruch genutzt. Aber noch heute ragen die Überreste malerisch und im Detail wunderschön inmitten der Stadt auf.

In der High Street zeigt in einem italienisch inspirierten Haus aus dem Jahr 1843 das heimatgeschichtliche **Elgin Museum** (April–Okt. Mo–Fr 10–17, Sa 11–16

Aufgetürmtes ›Schottisches Gold‹

Uisge Beathad – Whisky, das Lebenswasser

Uisge Beathad, das ›Wasser des Lebens‹, so nannten im 6. Jh. keltische Mönche ihren scharfen Branntwein. Prinzipiell gingen sie bei der Herstellung genauso vor wie die heutigen Brenner.

Gerste wird durch Übergießen mit Wasser zum Keimen gebracht, wodurch sich das Malz aus den Körnern löst. Über dem Torffeuer wird das feuchte Getreide getrocknet und schließlich fein gemahlen. Dieser **Grist** kommt in heißes Quellwasser, dessen Hitze den Zucker aus der Gerste löst. In diese süße Maische, **Wort**, kommt nun Hefe, die den Zucker in Alkohol umwandelt. In bis zu 12 m hohen Bottichen gärt die nun **Wash** genannte Flüssigkeit blubbernd und blasenschlagend für mehrere Tage vor sich hin. Dieser schwach alkoholische Sud wird dann in den **Pot Stills**, den Brennblasen, destilliert.

Wasserklar und weitgehend ungenießbar tropft der Whisky dann in die Fässer und wird für mindestens zwölf Jahre gelagert. Manche Sorten reifen gar 15, 21, ja sogar 50 Jahre. In dieser Zeit wandelt sich der Rachenputzer zum unnachahmlich sanften, die Geschmacksnerven milde umschmeichelnden **Pure Single Malt**. Traditionell trinkt man den Scotch in seinem Heimatland mit Wasser und nicht mit Eis.

Findhorn Foundation

Nur wenige Kilometer nördlich von Forres liegt auf einem vom Meer umspülten schmalen Landzipfel das kleine Örtchen Findhorn mit seinem breiten Dünengürtel und den weiten Sandstränden. Das Mini-Seebad ist in ganz Europa für seine große New-Age-Siedlung bekannt, in der einige Hundert Aussteiger leben. Vor über 40 Jahren, 1962, gründete Eileen Caddy zusammen mit ihrem Mann Peter und ihrer Freundin Dorothy MacLean in einem Caravan auf dem Campingplatz von Findhorn eine Siedlung. Jahr für Jahr besuchen an die zehntausend Menschen die **New Age Community** von Findhorn, nicht zuletzt wegen der Vielzahl der angebotenen Kurse – von Akupunktur bis zu ›holistischem Atmen‹.

Noch immer leben die Bewohner der Siedlung auf dem öffentlichen Campingplatz des Örtchens. Gäste wie Siedler müssen auf dem Gelände der spirituell durchdrungenen Siedlung streng vegetarisch und drogenfrei leben.

Findhorn Bay Holiday Park, Findhorn, Forres, Tel. 013 09/69 02 03, Fax 013 09/69 09 33, www.findhornbayholidaypark.com

Uhr) archäologische Funde aus der Region und macht mit der Geschichte der Stadt und des Umlandes vertraut.

Wer Interesse an alten Karossen hat, darf in der Bridge Street das *Motor Museum* (unregelmäßig geöffnet) nicht versäumen, das u. a. ein Ford T Modell, die berühmte Tin Lizzie, einen Bentley von 1937, einen Rolls Royce Phantom I aus dem Jahr 1929 und einen Jaguar E von 1968 in seinem Bestand hat.

Viele Einwohner stehen bei den großen Elginer Whisky-Abfüllanlagen in Lohn und Brot. Die bekannteste ist *Gordon & MacPhail* in der South Street, *die* Adresse, wenn es um Schmankerl in Sachen Whisky geht.

Pluscarden Abbey

9 km südwestlich von Elgin liegt inmitten des pastoralen Black Burn Valley das Kloster *Pluscarden Abbey* (tgl. 9–17 Uhr). Es wurde 1230 von König Alexander II. ins Leben gerufen. Auch hier wütete 1390 der ›*Wolf of Badonoch*‹. Ein Jahrhundert später übernahmen Benediktiner aus Dunfermline die Abtei, die aber während der Reformation aufgegeben wurde. 1948 zogen erneut Benediktiner in die Ruinen ein und versuchten, diese wieder aufzubauen. Stolz zeigen die Mönche heute den Besuchern ihre Fortschritte bei der Renovierung der geistlichen Stätte.

Spynie

Nur 3 km in nördlicher Richtung liegt der einstige Bischofssitz *Spynie Palace* (April–Sept. Mo–Sa 9.30–18.30, Okt.–März Mo–Fr bis 16 Uhr). Sein ältester Teil, der trutzige Wehrturm *David's Tower* aus dem 15. Jh., steht noch. Von herausragender Bedeutung sind allerdings die **terrassierten Gärten**, die im 17. Jh. angelegt wurden.

Forres

In das blumenreiche Städtchen an der A 96 lockt ein geschichtlich und kunsthistorisch rätselhafter Stein. Touristen ist zwar nicht der forschende Blick, jedoch die prüfende Berührung des gut 6 m hohen **Sueno's Stone** im Osten der Stadt versagt, steht dieser doch seit einigen Jahren zum Schutz vor Witterungseinflüssen in einem Glaskasten. Die Sandsteinstele datiert vermutlich aus dem 9. Jh., wird von Shakespeare in seinem ›Macbeth‹ erwähnt und gibt den Archäologen bis heute Rätsel auf. Drei Seiten sind reich mit Ornamenten verziert, die vierte Seite zeigt Reiter, bewaffnete Krieger und kopflose Körper. Die Wissenschaftler gehen davon aus, dass Sueno's Stone an ein historisches Ereignis, wahrscheinlich an eine Schlacht zwischen Pikten und Wikingern, erinnert.

i Praktische Hinweise

Information

TIC, 17 High Street, Elgin,
Tel. 013 43/54 26 66, Fax 013 43/55 29 82

38 Inverness

Culloden – Cawdor Castle – Fort George

Die Hauptstadt der Highlands war Schauplatz von Königsmord und blutigen Schlachten.

Das beschaulich zwischen dem Ufer des Moray Firth und dem River Ness liegende Inverness ist mit seinen 50 000 Einwoh-

Wie mahnend erhebt sich die Westfassade aus dem Ruinenfeld der Kathedrale in Elgin

nern die Metropole des schottischen Hochlandes und trägt daher den Beinamen **The Hub**, ›Radnabe‹, zu Recht.

Geschichte Die Wurzeln der Stadt reichen weit in die Geschichte zurück. Im 6. Jh. schon soll hier der hl. Columban König Brude, den Herrscher der Pikten, zum Christentum bekehrt haben. 500 Jahre später meuchelte laut Shakespeare Macbeth den rechtmäßigen König Duncan in der Burg zu Inverness und 1746 fand bei Culloden Moor, nur wenige Kilometer vom Zentrum entfernt, die letzte englisch-schottische Schlacht statt.

Heute ist Inverness Administrationshauptstadt der Highland Region und Sitz des *Highland and Island Development Board*, der 1965 ins Leben gerufenen Entwicklungsbehörde für den strukturschwachen Norden. Wichtige soziale und ökonomische Impulse für Schottland gehen von dieser Einrichtung aus.

Besichtigung Überragt wird die Stadt von **Inverness Castle**. Die Burg, wenngleich vom Aussehen und der Architektur her scheinbar betagt, datiert aus dem 19. Jh. und beherbergt heute die Büros der lokalen Verwaltung. Im Hof erinnert eine Statue von Flora MacDonald an die mutige Hochlandheldin [s. S. 118]. Von der Burg hat man einen schönen Blick hinab auf die Stadt und den River Ness.

Unterhalb der Festung befindet sich **Inverness Museum and Art Gallery** (Mo–Sa 9–17 Uhr). Hier wird anhand vieler Ausstellungsstücke die wechselvolle Geschichte des schottischen Hochlandes aufgezeigt, auch Silberarbeiten der lokalen Schmuckindustrie sowie wechselnde Ausstellungen finden in den Räumen ein Forum.

Ebenfalls am Fuße des Burghügels steht das mit zahlreichen Türmchen, Erkern und Bogenfenstern mit Maßwerk geschmückte **Town House**. In diesem neogotischen Gebäude aus viktorianischer Zeit mit seiner auffälligen Fassade tagte 1921 die einzige je außerhalb von London stattfindende britische Kabinettsitzung.

Der Basisstein des vor dem Haus aufragenden **Marktkreuzes** heißt auf gälisch *Clach na-Cuddain*, der ›Stein der Bottiche‹, und war früher ein Rastplatz der Waschfrauen auf dem Weg vom und zum

Inverness offenbart sich als modernes städtisches Zentrum des Hochlandes

River Ness. Solange dieser Felsbrocken in Inverness bleibt, müssen sich die Bürger – so berichtet es wenigstens die lokale Legende – keine Sorgen um ihr soziales und auch wirtschaftliches Wohlergehen machen.

In der Church Street befindet sich in dem schmucklosen **Abertarff House** eine Niederlassung des *National Trust for Scotland*. Das aus dem 16. Jh. datierende, mehrstöckige Stadthaus eines Hochland-Lords ist das älteste Gebäude der Stadt und wurde Ende des 20. Jh. umfassend renoviert.

Ein Stückchen flussaufwärts liegen einige **Inseln** im River Ness, die mittels Fußgängerbrücken aus edwardianischer Ära untereinander und mit beiden Ufern verbunden sind. Hier laden Rasenflächen und Wäldchen zum Flanieren ein, ebenso wie die großen grünen Parks an beiden Ufern.

Ein Cairn erinnert auf dem Schlachtfeld von Culloden an den blutigen Kampf

Culloden

9 km östlich vom Stadtzentrum erstreckt sich die weite Graslandschaft von **Culloden Moor**. Das Visitor Centre (Juni–Aug. tgl. 9–18, April/Mai/Sept./Okt. 9–17.30, Nov./Dez./Febr. 11–16 Uhr) informiert über die hier 1746 geschlagene letzte Schlacht zwischen Schotten und Engländern.

Die Engländer metzelten damals die besiegten schottischen Soldaten von Bonnie Prince Charlie unbarmherzig nieder und kaum einer der Hochländer sah seine Heimat wieder [s. S. 118]. Der englische Duke of Cumberland ging daraufhin als *Butcher*, als der ›Schlächter von Culloden‹, in die britischen Annalen ein.

Wer hier über das flache **Drumossie Hochmoor** streift, wird auf viele einfache Steinsetzungen treffen, in denen der Clan-Name zum Gedenken an die Toten eingemeißelt ist: Cameron, Appin Stewart, MacDonald, Campbell, MacLeod, Mixed Clans.

Cawdor Castle

Östlich von Culloden liegt an der schmalen B 9090 *Cawdor Castle* (Mai–Sept. tgl. 10–17.30 Uhr), weniger eine wehrhafte Burg als vielmehr ein geschütztes Tower House. Trotzdem ist es die einzige Festung in Schottland, die sich mittels einer noch funktionstüchtigen Zugbrücke der Touristenmassen erwehren könnte. Shakespeare machte die Örtlichkeit bekannt, denn Macbeth († 1057) war *Than of Caw-*

dor (und Glamis). Doch gab es zu Zeiten des Königsmörders das Tower House noch gar nicht. Der zentrale Wohnturm entstand erst 1372, mithin also rund 300 Jahre nach den Tagen des schottischen Bösewichtes. Gemälde englischer und schottischer Porträtisten, flämische Gobelins, ein altes venezianisches Himmelbett und anderes wertvolles Mobiliar sind heute darin zu besichtigen.

Fort George

Nicht nur für Architekturhistoriker und Festungsexperten ist *Fort George* (April–Sept. Mo–Sa 9.30–18.30, Okt.–März bis 16.30 Uhr), 12 km nordöstlich von Inverness, eine der *eindrucksvollsten Befestigungsanlagen* Europas. Sie entstand zwischen 1748 und 1769, um die Einfahrt in den Moray Firth zu sichern. Gleichermaßen wichtig war der implizite Auftrag, die englische Herrschaft über Schottland nachdrücklich zu demonstrieren. Immerhin bedeckt das Fort eine Fläche von fast 7 ha und hatte seinerzeit eine Garnison von 2000 Mann. Bis heute sitzen die Militärs hinter den dicken Mauern, gestatten aber Besuchern einen Einblick. Zu besichtigen sind unter anderem die Kasematten, das große Magazin, in dem die Pulverladungen für die Artillerie lagerten, sowie das *Queen's Own Highlander Regimental Museum*, das mit der Geschichte dieser schottischen Elite-Einheit bekannt macht.

i Praktische Hinweise

Information

TIC, Castle Wynd, Inverness, Tel. 014 63/23 43 53, Fax 014 63/71 06 09

Hotels

******Culloden House**, 5 km östlich von Inverness, Tel. 014 63/79 04 61, Fax 014 63/79 21 81, www.cullodenhouse.co.uk. Georgianisches Haus mit Park und Wald; beste schottische Küche.

******Dunain Park Hotel**, 2 km außerhalb, an der A 82, Tel. 014 63/23 05 12, Fax 014 63/22 45 32, www.dunainparkhotel.co.uk. Charmantes ehem. Jagdhaus.

******Glendruidh House**, Old Edinburgh Road South, Inverness, Tel. 014 63/22 64 99, Fax 014 63/71 07 45, cozzee-nessie-bed. co.uk. Türmchenbewehrtes Haus, inmitten eines 2 ha großen Parks.

*****Columba Hotel**, 7 Ness Walk, Inverness, Tel. 014 63/23 13 91, Fax 014 63/71 55 26, www.british-trust-hotels.com. Haus im Zentrum, direkt am Fluss.

*****Culduthel Lodge Hotel**, 14 Culduthel Road, Inverness, Tel./Fax 014 63/24 00 89, www.culduthel.com. Ehem. Herzogssitz oberhalb des River Ness.

*****Glenmoriston Town House Hotel**, 20 Ness Bank, Inverness, Tel. 014 63/22 37 77, Fax 014 63/71 23 78, www.glenmoristontownhouse.com. Freundliches Hotel direkt am Ufer des River Ness.

Central Highlands – der hohe Norden

Sind die Grampian Highlands schon einsam, so sind sie doch nicht zu vergleichen mit den menschenleeren Weiten des nordwestlichen Hochlandes. In den dortigen Tälern leben im Durchschnitt weniger als neun Bewohner pro km^2.

Die Abwesenheit des Menschen hat aber auch ihr Gutes, denn so kann sich die Natur ungehindert entfalten. Wölfe, Bären und Elche sind zwar längst verschwunden, aber Rotwild, Moorschneehühner, wilde Ziegen und Shetland Ponies gibt es hier viele. Auch Wildkatzen, Baummarder, Otter, Nerze und **Hochlandrinder**, mächtige, braun-zottelige Gesellen mit langen Hörnern und einer charakteristisch über die Augen fallenden Mähne, haben in diesen Regionen ein Refugium gefunden. Das äußerst sympathisch aussehende Rindvieh kann übrigens monatelang im tiefsten Schnee und bei stürmischen Winden auf der Weide ausharren. Schweift der Blick von einer der stark zerklüfteten Küsten übers Meer, kann man sogar Wale zu Gesicht bekommen. Alltägliche Anblicke sind **Seehunde**, die sich auf blank gespülten Felsen sonnen. Von ihnen und den Küstenottern behaupten hiesige Fischer, sie schmälerten den Fang, denn ein Begriff wie ›Überfischung‹ wird in Schottland nicht gerne gehört. Um das nachzuvollziehen muss man verstehen, welcher Stellenwert dem Fischfang in den Highlands zukommt: Neben dem Tourismus sind die Arbeitsplätze auf den Fischkuttern und in der Lachs- und Seeforellenzucht oft die einzige Erwerbsmöglichkeit.

39 Strathpeffer

Beauly

Einen unerwartet mondänen ersten Eindruck von den Central Highlands vermittelt der kleine, schmucke Wasserkurort.

Im 19. Jh. war Strathpeffer ein bekannter Bade- und Kurort, dessen schwefelhaltiges Wasser diverse Krankheiten linderte. Diese Ära ist jedoch schon lange vorbei; sogar die Eisenbahnlinie wurde mittlerweile stillgelegt. Im ehem. Bahnhof macht das *Highland Museum of Childhood* (April–Okt. Mo–Sa 10–17, So 14–17 Uhr) mit den Kindertagen in früheren Zeiten vertraut und ein *Craft and Visitor Centre* zeigt Kunsthandwerk lokaler Anbieter und informiert über die Region.

Auf einem Hügel nahe dem Ortseingang steht ein piktischer Bildstein, der **Eagle's Stone**. Glaubt man der Legende, kommt großes Unglück über den Ort, wenn der Stein dreimal umgesetzt wird. Da er schon zweimal seinen Standort gewechselt hat, darf dies also auf keinen Fall noch einmal vorkommen.

Wer einige Tage ausspannen, Spaziergänge und Wanderungen in die einsame, waldreiche Umgebung machen möchte, ist zweifellos am richtigen Ort. Die entsprechende touristische Infrastruktur ist vorhanden und auch ein 18-Loch-Golfplatz befindet sich nur rund 6 km weiter westlich.

◁ **Links oben:** *›Heather‹ nennt man die blühende Heidelandschaft im Glen Convinth*
Links Mitte: *Sich warm einpacken, heißt es im verschneiten Rannoch Moor bei Glencoe*
Links unten: *Unvermutet lieblich zeigt sich die Atlantikküste mit Sandstrand bei Durness*

Beauly

Der an der A 862 liegende Weiler Beauly liegt am Ende des gleichnamigen Meereseinschnittes, in den hier der lachsreiche River Beauly übergeht. Der Ortsname klingt nach französischen Wurzeln und in der Tat gründeten im Jahr 1230 Mönche aus Burgund an dieser Stelle ein Kloster. Die Ruine der aus rotem Sandstein gebauten **Abteikirche** lohnt eine Besichtigung: Die Westfassade ist reich geschmückt und in den Fenstern findet sich viel dekoratives Maßwerk. Die Bezeichnung des Dorfes geht aber eigentlich auf Maria Stuart zurück, die die frommen Brüder besuchte und von der landschaftlichen Schönheit der Region so begeistert war, dass sie verzückt ausrief: *»Quel beau lieu«* (Was für ein schöner Ort).

Wer sich mit schottischem Tweed oder sogar einem Kilt ausstatten möchte, findet in dem alten, sehr geschmackvoll eingerichteten Geschäft *Campbells of Beauly* eine reiche Auswahl.

i Praktische Hinweise

Information

TIC, The Square, Strathpeffer, Tel. 019 97/42 14 15

Hotel

*****Ben Wyvis Hotel**, Strathpeffer, Tel. 019 97/42 13 23, Fax 019 97/42 12 28, www.british-trust-hotels.com. Viktorianisches Haus, in 2,5 ha großem Garten gelegen.

40 Dornoch

Falls of Shin

Norden ist nicht gleich Norden: Hier zum Beispiel lädt ein prächtiger Sandstrand zur Sommerfrische am Meer ein.

Das kleine Dornoch – die Autorin Rosamunde Pilcher besitzt ein Wochenendhaus hier – ist weithin bekannt für seine langen **Sandstrände**, den hervorragenden *Golfplatz* und die **Kathedrale**. Das kleine Gotteshaus ließ im 13. Jh. der Bischof von Caithness, Gilbert de Moravia, errichten. Wenngleich viele bauliche Umgestaltungen vorgenommen wurden, gelten die originalen Steinschnitzereien im Innern sowie die aus dem 19. Jh. stammenden Glasfenster als herausragende Arbeiten. Das Hotelgebäude gegenüber der Kathedrale integrierte baulich den Turm des im 16. Jh. errichteten *Bischofspalastes*.

Wer noch keinen schottischen Tweed eingekauft hat, kann sich im *Craft Centre* der Town Hall damit eindecken.

Dornoch erlangte traurige Berühmtheit durch die letzte, 1722 in Schottland vorgenommene *Hexenverbrennung*. Der **Witch's Stone** erinnert an dieses unrühmliche Ereignis.

Falls of Shin

Dort, wo die A 9 auf einer Brücke über den Dornoch Firth führt, zweigt die A 836 gen Westen ab und nach ca. 27 km sind die Wasserfälle der Falls of Shin erreicht. Hier rauscht der River Shin, gespeist von dem gleichnamigen See, in eine enge Schlucht. Mit ein wenig Glück sieht man von April bis September Lachse, die versuchen, die Schnellen zu überspringen.

Die A 9 führt einige Kilometer weiter vorbei am Loch Fleet, dem Mündungstrichter des gleichnamigen Flusses. Hier, im **Fleet Nature Reserve**, haben unzählige gefiederte Freunde ein Refugium gefunden und viele arktische Seevögel überwintern an den Ufern.

i Praktische Hinweise

Information

TIC, The Square, Dornoch, Tel. 018 62/81 04 00, Fax 018 62/81 06 44

Hotels

******Burghfield House Hotel**, Dornoch, Tel. 018 62/81 02 12, Fax 018 62/81 04 04, www.burghfieldhouse.com. Haus im üppigen *Baronial Style* inmitten eines 2 ha großen Gartens.

******Royal Golf Hotel**, Dornoch, Tel. 018 62/81 02 83, Fax 018 62/81 09 23, www.morton-hotels.com. Hotel in früherem Adelssitz mit schönem Blick über Golfplatz und Dornoch-Fjord.

41 Dunrobin Castle

TOP TIPP

Klassisches Hochland-Idyll: zinnenbewehrte Schlossromantik und Gischt sprühende Nordseebrandung.

Kurz vor dem Weiler Golspie liegt hoch über dem Meer eines der prachtvollsten Schlösser Schottlands, ein wahres Juwel. *Dunrobin Castle* (Juni–Sept. Mo–Sa 10.30–17.30, So 12–17.30, April/Mai/Okt. Mo–Sa 10.30–16.30, So 12–16.30, Uhr) – mit seinen Türmen, Zinnen und Erkern vor allem von der Gartenseite her prächtig anzuschauen – ist bis heute Residenz der Familie Sutherland. Gerade diese Dynastie wird

Das prächtig angelegte, vieltürmige Dunrobin Castle besitzt 189 Räume

mit den schlimmsten Auswüchsen der *Land Clearances* [s. S. 92] im schottischen Hochland identifiziert. Gewaltsam vertrieben die Landaufseher von Elizabeth Sutherland Ende des 18. Jh. die Pächter und schreckten vor Mord und Totschlag nicht zurück. Das Stammschloss der Sutherlands verrät höchstens mittelbar etwas über diesen Abschnitt der Familiengeschichte.

Die ältesten Teile des hochherrschaftlichen Anwesens datieren aus dem 14. Jh., 400 Jahre später wurden umfangreiche Anbauten hinzugefügt. Wie sich Dunrobin heute dem Betrachter präsentiert, stammt es aus viktorianischer Zeit. Die Prachtentfaltung, die sich von außen schon andeutet, setzt sich im Innern fort: Möbel von Chippendale, zahlreiche Gemälde großer europäischer Meister jeder Epoche, eindrucksvolle Gobelins und unter der Last des Porzellans und des Silberbestecks ächzende Tische.

Der Hausberg von Dunrobin Castle ist der **Beinn a'Bragaidh** (430 m), auf den von Golspie ein ausgeschilderter, sehr steiler Weg, der *Beinn a'Bragaidh Footpath* (BBFP), führt. Oben hat man einen fantastischen Blick über das Landesinnere und die Küste. Auf dem Gipfel steht ein 30 m hohes *Denkmal* für den 1. Earl of Sutherland, das 1820 durch eine Sammelaktion seiner Pächter finanziert wurde – einige Jahre vor den *Land Clearances*.

42 Helmsdale

Dunbeath – Latheron

Angebote für Abenteuerlustige: Zur Aufbesserung der Urlaubskasse nach Gold schürfen oder in Grabkammern der Vergangenheit nachspüren?

In Helmsdale darf man einen Besuch im **Timespan Heritage Centre** (April–Okt. Mo–Sa 10–17, So 14–17 Uhr) nicht versäumen, das mit seinen Dioramen historischer Szenen und einer audiovisuellen Vorführung über das harte Leben im Hochland, den Heringsboom und die *Land Clearances* berichtet.

Folgt man der A 897 in das Strath of Kildonan parallel zum River Helmsdale, ist nach ca. 12 km eine auf gälisch *Baile an Or* genannte Region erreicht. Der Name bedeutet ›Goldfeld‹ und tatsächlich wurde hier 1869 das seltene Edelmetall gefunden, was im schottischen Hochland zu einem **Goldrausch** ähnlich dem in Alaska führte. Auch heute wird im Helmsdale River, dem ›Yukon der Highlands‹, noch Gold gefunden. Wer sein Glück versuchen und einmal selbst schürfen möchte, darf dies ohne behördliche Lizenz tun. Eine Goldpfanne zum Waschen *(Gold-Panning)* ist im Laden von Helmsdale neben dem Heritage Centre für ein paar Pfund zu erstehen. Vor zu hohen Erwartungen an die Ausbeute sei allerdings gewarnt.

Land Clearances

Gegen Ende des 18. Jh. züchteten im südschottischen Hügelland – in den Cheviot Hills – Schäfer eine neue Schafrasse und gaben ihr den Namen der Hügelkette. Diese genügsamen **Cheviots** gaben gute Wolle, waren gegen Wind und Wetter gefeit und konnten somit auch im rauen Hochland grasen. Schaffarmer aus dem Süden pachteten nun von den Clan-Chefs weite Ländereien in den Highlands und ließen Herden mit Tausenden von Tieren ins Herz von Schottland ziehen. Den Landbesitzern brachten die Schafzüchter mehr Geld ein als die geringe Pacht der ansässigen Crofter. Also boten die Großgrundbesitzer den Pächtern ein wenig Geld, damit sie sich völlig von ihrer Krume lösten und wegzogen. Als sich die Bauern weigerten, gingen die Landbesitzer gewaltsam vor, vertrieben die Familien brutal aus ihren **Shiels** und brachten nicht selten eine Bauernfamilie in Ketten auf ein Auswanderungsschiff. In den Highlands begann es, einsam zu werden.

Die rechtlosen Zustände fanden erst ein Ende, als 1886 der **Crofters' Holding Act** das Unterhaus im fernen London passierte und den Bauern drei ihrer wichtigsten Forderungen bestätigte: Sicherheit des Hofes, von unabhängigen Gremien ausgehandelte Pacht und Weitergabe des Landes per Erbschaft. Um wieder Crofters in den verödeten Highlands anzusiedeln, wurde 1919 der Settlement Act verabschiedet, der jungen Bauern staatliche Subventionen und Unterstützungsgelder zuwies, wenn sie sich im rauen Herz Schottlands niederließen. Viele sind das aber nie gewesen!

Der Helmsdale River übrigens ist ein exklusives Angelrevier für Lachse. Hier stellen jedoch ausschließlich die Mitglieder der königlichen Familie dem begehrten *Salm* nach – und niemand sonst!

Dunbeath

Leider ist die schottische *Ostküste* landschaftlich bei weitem nicht so schön wie der raue und wilde Westen des Landes. Flache Wiesen, auf denen Rinder und Schafe grasen, säumen die Straße und immer wieder schweift der Blick über das Meer. Bunte Farbtupfer in diesem etwas eintönigen Einerlei sind im Sommer und Herbst die in der Sonne strahlend gelb leuchtenden Rapsfelder.

Das Örtchen **Dunbeath** verfügt über einen kleinen Hafen und darüber hinaus über eine im 15. Jh. errichtete und bis heute in Privatbesitz befindliche Burg. Der schottische Autor *Neil Miller Gunn* (1891–1973) wurde hier geboren. Wer mehr über sein Leben und seine Romane, z. B. ›The Silver Darlings‹, erfahren möchte, besuche das hiesige **Heritage Centre** (April–Okt. tgl. 10–17 Uhr). Es widmet sich auch der Geschichte der Region *Caithness*.

Einige Kilometer vor dem Ort weist an einem Parkplatz eine Ausschilderung zum Ruinendorf **Bad Bea**. Nach einem kurzen Fußweg steht man nahe der Klippen in den Überresten des während der *Land Clearances* angelegten Weilers. Die Wahl der Lage war nicht glücklich gewesen: Bei starkem Wind, der hier fast ganzjährig über das Land pfeift, oder gar bei Sturm banden die Bewohner ihre Kinder und Schafe an Pflöcken fest, damit sie nicht über die Klippen geweht wurden. Schließlich war es den arg gebeutelten Menschen zu viel und alle Einwohner wanderten geschlossen aus.

Latheron

Etwas weiter im Norden liegen die beiden kleinen Siedlungen Latheron und Lybster mit ihren heute verwaisten Puppenstubenhäfen. Der *Heringsboom* hatte ihnen im 19. Jh. Wohlstand gebracht. Seit es damit zu Ende ging, besitzen diese Dörfer nur noch einen **melancholischen Charme** und ihre Bewohner sind fast allesamt mit Arbeitslosigkeit geschlagen.

Hinter Latheron zieht nach wenigen Kilometern direkt links der Straße die bronzezeitliche Steinsetzung **Hill o'Many Stones** die Aufmerksamkeit auf sich. Die Monolithe wurden um etwa 1800 v. Chr. errichtet und dienten wahrscheinlich astronomischen Beobachtungen.

Aus neolithischer Zeit (ca. 6000–1800 v. Chr.) datieren dagegen die von hier etwas im Landesinneren gelegenen TOP TIPP **Grey Cairns of Camster**. Die zwei Ganggräber stammen laut archäologischen Untersuchungen aus der Zeit um 4400 v. Chr. In den so genannten *Round Cairn* führt ein rund 7 m langer, niedriger Tunnel, den man nur auf allen

›Voller Einsatz‹ lautet die Devise bei den jährlichen Highland Games von Helmsdale

vieren passieren kann. Leichter gelangt man in die ebenfalls interessante Kleeblattkammer des *Long Cairn*, der 66 m lang und 21 m breit ist.

Praktische Hinweise

Information

Strath Ullie, The Harbour, Helmsdale, Tel. 014 31/82 14 02

Hotel

*****Navidale House Hotel**, Helmsdale, Tel. 014 31/82 12 58, Fax 014 31/82 15 31. Hotel in einer ehem. Jagdhütte mit guten Ausblicken aufs Meer.

43 Wick

John o'Groats – Dunnet

An anspruchsvolle Glasarbeiten und an zu jeder Jahreszeit stürmischen Wind denkt man bei dem Namen der ehem. Wikingersiedlung.

Benannt nach dem nordischen *Vik*, was ›Bucht‹ bedeutet, besaß die Stadt im 19. Jh. den größten Heringshafen Europas. Abertausende von Fischern machten Tag für Tag Jagd auf den *Silver Darling*, den silberglänzenden Fisch. Kaufleute brachten die eiweißreiche Fracht eingepökelt bis in den letzten Winkel der Welt: von Russland bis zu den Sklavenplantagen der Westindischen Inseln. Informationen über die erfolgreichen Zeiten des Heringsbooms vermittelt am Hafen das **Wick Heritage Centre** (Ostern–Okt. tgl. 10–17 Uhr).

Wick ist heute ein geschäftiger Öl- und Fährhafen, die großen Zeiten des *Fischereihafens sind* längst vorbei . An den Kais in *Pulteney*, die 1806 der Ingenieur Thomas Telford anlegen ließ, dümpeln in dichten Reihen die rostigen Trawler im brackigen Wasser. Neben der Fischerei sorgte einst auch die hier 1961 gegründete und noch bis 2004 ansässige **Caithness Glass Factory** für Arbeitsplätze. Die Schmelzhütte ist weit über Schottland hinaus für ihre exzellenten Glasbläser, ihr elegantes Design, die fein nuancierte Farbgebung der Produkte und die filigranen Gravurarbeiten bekannt. Allerdings wurde die Firma im Jahr 2004 verkauft, verließ Wick und verlagerte ihre Produktion samt *Visitor Centre* und Verkauf ganz nach Perth [Nr. 28].

Von dem *Flughafen* von Wick bestehen mit kleinen Turboprop-Maschinen Direktverbindungen nach Edinburgh, Aberdeen und zu den Orkneys.

John o'Groats

Das Dörfchen im äußersten Nordosten der britischen Insel verdankt seinen Namen dem umtriebigen Holländer *Jan de Groot*, der hier bereits 1496 einen **Fährdienst** zu den Orkneys einrichtete. Auch heute noch verkehrt mehrfach täglich ein Passagierboot zum Pier von Burwick auf dem südlichsten Orkney-Inselchen *South Ronaldsay*. Während der Saison sind unter den Besuchern Tagesausflüge zu den felsigen Inseln sehr beliebt.

Ganz in der Nähe macht **Duncansby Head**, die nordöstlichste Spitze Großbritanniens, mit einem Leuchtturm auf sich aufmerksam. Der Landvorsprung ist für Hobby-Ornithologen ein Muss: Tausende von *Seevögeln* gleiten durch die Lüfte und nisten in den Spalten der hohen Klippen.

Dunnet

Vogelfreunde sollten bei dem Dörfchen Dunnet in die schmale B 855 einbiegen. Am St. John's Loch vorbei geht es zum leuchtturmbewehrten **Dunnet Head**, der Spitze einer kleinen Halbinsel. Hier haben sich in den Klippen Abertausende von *Vögeln* niedergelassen, die Luft ist erfüllt von ihrem heiseren Krächzen und an die Felsen branden donnernd die Wellen. An klaren Tagen kann man von hier aus

Schmuck präsentiert sich der kleine Fährhafen John o'Groats seinen Besuchern

weit über die Küstenlinie blicken. Draußen auf dem Meer, jenseits des Pentland Firth, grüßen die Orkneys.

Die ganze **Dunnet Bay** mit ihren Sandstränden ist wegen der fantastischen Wellen bei Windsurfern sehr beliebt. Manchmal sieht man selbst an kalten Tagen die in schützenden Neopren-Anzügen steckenden Wassersportenthusiasten.

i Praktische Hinweise

Information

TIC, Whitechapel Road, Wick,
Tel. 019 55/60 25 96, Fax 019 55/60 49 40

44 Thurso

Dounreay – Bettyhill – Tongue

Um das Hafenstädtchen beginnt die wildromantische Küstenlandschaft, für die das nördliche Schottland so berühmt ist.

Der 10 000 Einwohner zählende Ort am gleichnamigen Fluss erstreckt sich entlang der Thurso Bay und bietet seinen Sommergästen u. a. einen langen, attraktiven *Sandstrand*. Die Wikinger waren es, die vor rund 1000 Jahren die Siedlung gründeten und sie *Thjorsa* – ›Fluss des Bullen‹ – nannten.

Thurso ist ein wichtiges *Versorgungszentrum* für den Nordwesten Schottlands und eine recht sympathische Stadt. Vor allem rund um die Ruine der *St. Peter Church* sind die alten Häuschen renoviert und vermitteln dem Besucher mittelalterliches Flair. Damals kamen die Bewohner der ›Hafenmetropole‹ zu Wohlstand, trieben sie doch prosperierenden Handel mit Skandinavien und dem Baltikum, wohin sie Getreide, Fleisch, Trockenfisch, Häute und Felle exportierten. Wer sich über jene Ära genauer informieren möchte, kann dies im **Heritage Museum** (Juni–Sept. Mo–Sa 10–13 und 14–17 Uhr) der Town Hall tun. Einen Katzensprung nach Norden liegt *Scrabster*, der Fähr- und Fischerhafen von Thurso. Von hier verkehren täglich Autofähren zur größten Orkney-Insel *Mainland* und legen dort am Pier von Stromness an.

Im Süden und Südwesten von Thurso erstreckt sich über mehrere tausende Quadratkilometer eine menschenleere **Hochmoorebene**, die nur von Bergen und Seen unterbrochen wird. Vor einigen Jahren planten die Experten der schottischen *Forestry Commission* die Aufforstung der riesigen Region, doch Naturschützer protestierten heftig gegen die Zerstörung dieses einzigartigen Öko-Systems. Verschreckt ließen die Waldaufforster ihre Bepflanzungsidee fallen.

Dounreay

Kurz vor den Klippen der Melvich-Bay kommt rechts der Küstenstraße B 836 das **Kernkraftwerk** Dounreay in Sicht. Der Reaktor war jahrzehntelang der einzige industrielle Arbeitgeber der strukturschwachen Region und ernährte fast

2000 Menschen und ihre Familien. Damit ist es nun vorbei, denn die Anlage ist seit einigen Jahren stillgelegt. Dounreay war der erste schnelle Brüter Großbritanniens und speiste ab Ende der 50er-Jahre des 20. Jh. Strom in die Netze. Dem Kernkraftwerk war überdies eine Aufbereitungsanlage für Brennelemente angegliedert. Eine Start- und Landebahn führt unmittelbar daran vorbei und im *Visitor Centre* (Ostern–Okt. tgl. 10–16 Uhr) informiert eine Ausstellung über Kernenergie.

Weiter führt die einspurige Straße entlang der Nordküste und durch einsame Hochmoorgebiete. Wer über etwas Zeit verfügt, sollte bis zum **Strathy Point** fahren und vom dortigen Parkplatz 15 Minuten bis zur Spitze des leuchtturmbewehrten Kaps spazieren. Die Ausblicke von hier über die Küste sind prachtvoll.

Bettyhill

Einige Kilometer weiter westlich liegt das 180 Einwohner zählende Bettyhill, ein wichtiger Versorgungspunkt für die verstreut liegenden *Crofter* Gehöfte, zwischen der Mündung des für seinen Lachsreichtum bekannten River Naver und einem schönen Sandstrand. In dem sehenswerten **Strathnaver Museum** (April–Okt. Mo–Sa 10–13 und 14–17 Uhr), das in einer alten Kirche untergebracht ist, werden die Auswirkungen der *Land Clearances* [s. S. 92] dokumentiert.

Tongue

Das Örtchen Tongue am gleichnamigen Fluss ist als Standquartier für Wanderungen in die einsame Umgebung sehr beliebt, zum Beispiel zu dem südlich gelegenen, hübschen *Loch Loyal*. Von hier aus überwindet die sich weiter nach Osten schlängelnde Straße zuerst auf einem Damm die Kyle of Tongue, bevor sie die von Hochmoor bedeckte Halbinsel *A Mhoine* durchquert, deren westliches Ende sie beim Weiler Hope erreicht. Markant ist hier im Süden die malerische Silhouette des 927 m hohen **Ben Hope**.

Die restliche Strecke verläuft landschaftlich ausgesprochen schön zwischen den Ausläufern des 422 m hohen Meall Meadhonach und dem Ufer der tief ins Land reichenden Bucht Loch Eriboll.

i Praktische Hinweise

Information

TIC, Riverside Road, Thurso,
Tel. 018 47/89 23 71, Fax 018 47/89 31 55

Hotels

*****Ben Loyal Hotel**, Tongue,
Tel. 018 47/61 12 16, Fax 018 47/61 13 36, www. benloyal.co.uk. Blick auf Meer und Strand; Forellen- und Lachsfang möglich.

*****Royal Hotel**, Thurso, Tel. 018 47/ 89 31 91, Fax 018 47/89 53 38, www. british-trust-hotels.com. Freundliches, angenehmes Haus mitten im Zentrum.

45 Durness

Cape Wrath – Kinlochbervie – Scourie – Kylestrome

Auf den sturmgepeitschten Klippen überkommt den Besucher leicht das Gefühl, Teil der grenzenlosen Weite zu sein.

Die ursprüngliche Bedeutung des gälischen Namens lautet ›Kap des Rehs‹. Die heutige Bedeutung von Durness macht allerdings nicht so sehr der eventuelle Wildreichtum der Umgebung aus. Das Dörflein ist vielmehr wichtiges Versorgungszentrum für die vielen *Crofter Communities*, die zahlreichen bäuerlichen Gemeinschaften in der Umgebung.

Attraktionen sind ein schöner, von Felsen eingefasster *Sandstrand* sowie 1,5 km westlich des Dorfzentrums das **Craft Village Balnakeil**. Hier, in den Gebäuden einer ehem. Radarstation, leben eine Reihe von Kunsthandwerkern. Sie lassen sich bei ihrer Arbeit über die Schulter schauen und verkaufen ihre Produkte. Da gibt

Auch die an der Nordküste heimischen Robben wissen ein Sonnenbad zu schätzen

Die Häuser von Durness liegen weithin verstreut in der kargen Landschaft

es Keramikarbeiten, Goldschmiedeartikel, Webarbeiten, Buchbindekunst und Ledersachen zu bestaunen.

Noch etwas weiter westlich steht an einem weiteren schönen Sandstrand die Ruine der aus dem 8. Jh. datierenden **Balnakeil Church**. Bemerkenswerterweise gibt es im Vatikan in Rom ein ab 1190 datierendes Kirchenregister dieses winzigen Gotteshauses. Auf dem dorfeigenen Friedhof ehrt ein Denkmal den keltischen Barden *Rob Donn* (1714–1778), der seine Zeitgenossen mit Liedern und Gedichten in gälischer Sprache verzauberte.

Rund 3 km östlich von Durness lohnt ein Besuch in der **Smoo Cave**, einem Höhlensystem, das über Jahrtausende von den Meereswellen aus dem weichen Kalkstein gewaschen wurde. Die erste Grotte ist 60 m lang und 40 m hoch. Ein Steg führt in den zweiten Höhlenteil, wo ein hoher Wasserfall in ein kleines Becken rauscht. Der Rest der Smoo Cave ist nur mit einem Boot zu erkunden.

Cape Wrath

Nicht versäumen sollte man einen Besuch am nordwestlichsten Punkt der britischen Inseln, dem Cape Wrath, wo die Steilklippen unvergesslich bis zu 160 m aus dem Meer ragen. Das ›Kap des Zorns‹ hat seinen Namen nicht etwa von den zornig anbrandenden Wellen, sondern ist eine Verballhornung des Wikingerbegriffes *Hvarf*, was so viel wie ›Umkehrpunkt‹ bedeutet. Am Cape Wrath Hotel in Durness setzt während der Saison eine *Passagierfähre* mehrmals täglich Fußgänger und Radfahrer über die Kyle of Durness. Auf der anderen Seite wartet ein Kleinbus und bringt die Ausflügler durch dunkles, schwarzes Moorland zu dem leuchtturmgesicherten, wellenumtobten Kap.

Der vom Vater Robert Louis Stevensons erbaute Leuchtturm [s. S. 53] signalisiert von den atemberaubenden **Clo Mor Cliffs** aus. Sie sind mit rund 280 m die höchsten Klippen Großbritanniens.

Südwestlich des Kaps wird die Küstenlinie stark zergliedert. Tief reichen einzelne Meeresarme ins Land und formen so zahlreiche größere und kleinere Halbinseln. Die Küste selbst ist überwiegend felsig und steil, aber gerade deshalb sehr malerisch – vor allem bei schönem Wetter.

Kinlochbervie

Die schmale Straße führt meist durch das karge Hochmoor und folgt selten der stark zerklüfteten Küste. Wer also das Meer und die zum Teil spektakulären Ausblicke von den Klippen genießen möchte, muss Stichstraßen zu einzelnen Punkten an der Küste benutzen.

Das gilt auch, wenn man den Weiler Kinlochbervie anfahren will, obwohl dieser über einen wichtigen Fischereihafen mit ausgedehnten und geschäftigen *Kai-Anlagen* verfügt, die man besichtigen kann. Interessant sind auch die dort täglich frühmorgens stattfindenden **Fischauktionen**.

Scourie

Wessen Liebe eher den Vögeln gilt und diese gerne beobachtet, darf etwas weiter westlich an dem Örtchen Scourie nicht vorbeifahren. Denn hier liegt vor der Küste die heute unbewohnte Insel **Handa**, ein von der Royal Society for the Protection of Birds (RSPB) unterhaltenes *Seevogelschutzgebiet*, zu dem während der Saison von Scourie aus Boote verkehren. Näher und in wilderer Landschaft werden die *Bird Watcher* kaum an ihre gefiederten Freunde kommen. Auf der Weiterfahrt kann man entlang der Küste auch *Robben* sichten.

Kylestrome

Nächste Station ist Kylestrome, das auf Straßenschildern auch als ›Kylesku‹ ausgewiesen ist. Vom Pier neben dem Kylesku-Hotel starten während der Saison mehrmals täglich Bootsfahrten über den **Loch Glencoul**. Die Krönung einer solchen Tour ist der Blick auf den höchsten Wasserfall der ganzen Insel, den aus 200 m Höhe herabstürzenden **Eas Coul Aulin**.

i Praktische Hinweise

Information

TIC, Durine, Durness,
Tel. 019 71/5112 59, Fax 019 71/51 13 68

46 Loch Assynt

Lochinver – Achiltibuie

Idylle pur: Das ruhige Auge des Sees liegt inmitten schiefergrauer Berge und urschottischer ›Heather‹ – Heidelandschaft.

Wo etwas weiter südlich die A 894 auf den langen schmalen und sehr schönen Loch Assynt trifft, liegt malerisch auf einer kleinen Insel im See die Ruine von **Ardvreck Castle**. Ab etwa dem Jahr 1591 diente die Festung den MacLeods of Assynt als Stammsitz. Ein gutes Jahrhundert später griffen jedoch die Mackenzies des Earl of Seaforth die Burg an, belagerten sie und machten die Festung schließlich nach der Einnahme dem Erdboden gleich.

Gern besuchen Angler die fischreichen Wasser des herrlich gelegenen Loch Assynt

Unbedingt sehenswert ist das **Inchnadamph Nature Reserve** im Süden des Sees, besonders bekannt für seine beeindruckenden, gotisch anmutenden Formationen.

Lochinver

Ein Abstecher auf der kleinen A 837 nach Westen verläuft landschaftlich recht schön am Seeufer entlang. Parallel zum River Inver im gleichnamigen Tal führt die Straße schließlich zu dem Örtchen Lochinver. Es verfügt über einen großen Fischereihafen und an den Kai-Anlagen liegen auch viele ausländische Trawler.

Anstatt von Lochinver aus dieselbe Strecke zum Loch Assynt zurückzufahren, kann man auch die – allerdings an manchen Stellen extrem schmale – Strecke entlang der **Enard Bay** nehmen.

Achiltibuie

Am lang gestreckten Loch Lurgainn teilt sich die Straße. Nach rechts verläuft sie in weitem Bogen zu dem Weiler Achiltibuie. Neben einem Besuch im Restaurant des dortigen Summer Isles Hotel ist eine Besichtigung des **Hydroponicum** (Führungen während der Saison mehrmals täglich) zu empfehlen. In dem mit Sonnenenergie geheizten Gewächshaus gedeihen Blumen und exotische Früchte; deshalb wird es auch ›Garten der Zukunft‹ genannt. Hält man sich beim ersten Anblick des Loch Lurgainn links, erreicht man schließlich bei dem Weiler Drumrunie wieder die Hauptstraße. Die dorthin führende, nichtklassifizierte Single Track Road windet sich unterhalb des 769 m hohen Cul Beag und des 613 m hohen Stac Pollaid am See entlang.

Ruhepause für die Fischer, die frühmorgens in Kinlochbervie ihren Fang versteigern

i Praktische Hinweise

Information

TIC, Main Street, Lochinver,
Tel. 015 71/84 43 30, Fax 015 71/84 43 73

47 Ullapool

Falls of Measach – Dundonnell River – Loch Ewe

Einsame Hochmoore, schroffe Klippen und der Fischfang bestimmen den in seiner Kargheit majestätischen Nordwesten.

Das kleine, 800 Einwohner zählende, sympathische Städtchen Ullapool mit seinen schmucken weißen Häusern entlang des *Loch Broom* wurde im Jahr 1788 von der schottischen Fischerei-Vereinigung gegründet und ist bis heute eines der wichtigsten *Fischereizentren* im hohen Norden. Nicht selten sieht man große, schwimmende Fischfabriken im Loch Broom vor Anker liegen, deren zumeist russische oder osteuropäische Besatzungen im Örtchen vor allem Unterhaltungselektronik einkaufen und von den Einwohnern als *Klondyker* bezeichnet werden. Etliche Geschäfte haben ein kyrillisch geschriebenes ›Willkommen in Ullapool‹ im Schaufenster.

Während der Saison dümpeln die Fisch-Trawler einträchtig neben den schicken Segeljachten und die Hauptstraße entlang des Ufers ist von flanierenden Besuchern verstopft. Ullapool ist auch ein wichtiger **Fährhafen** für die Äußeren Hebriden, denn von hier verkehrt dreimal täglich (außer Sonntag) eine Autofähre nach Stornoway auf der Isle of Lewis and Harris.

Die Besucher des kleinen Örtchens können während der Saison Bootsausflüge zu *Lachsfarmen* und *Robbenkolonien* im Loch Broom sowie zu den vielen kleinen Steinsplittern, den **Summer Isles**, in der Annat Bay unternehmen. Hobby-Ornithologen werden dabei auch auf ihre Kosten kommen.

Falls of Measach

Noch bevor die Straße rund 15 km hinter Ullapool rechts abzweigt, gibt es ein weiteres Naturereignis zu genießen. Hier

Nur wenig hat sich im Hafen von Ullapool in den letzten Jahrzehnten verändert

donnern die *Falls of Measach* in die tief in den Felsen eingeschnittene **Corrieshalloch Gorge**. Von einer kleinen Aussichtsplattform kann der rund 50 m hohe Wasserfall des River Droma fotografiert werden und direkt über der Absturzkante ist eine kleine *Hängebrücke* gespannt, von der aus der Blick in die tiefe, 1,5 km lange, wasserdurchtoste Klamm schweift.

Kurz hinter dem Abzweig in die A 832 hat man von einem hoch gelegenen Aussichtspunkt einen weiten und prachtvollen Blick in das Tal von **Strath More**. Man kann noch einmal einen Blick auf den 34 km tief ins Land einschneidenden Loch Broom werfen, an dessen Ufer Ullapool liegt.

Dundonnell River

Weiter führt der Weg entlang des Flüsschens Dundonnell, dessen Wasser sich vor allem nach ergiebigen Regenfällen wie ein Wildbach über viele Kaskaden ergießt. Durch den dunklen **Dundonnell Forest** geht es vorbei am bewaldeten, 1062 m hohen An Teallach. Rechter Hand liegt nun der lange, schmale und weit ins Landesinnere reichende Little Loch Broom. Dann folgt die Straße dem Ufer der Gruinard Bay und durchquert schließlich eine kleine Halbinsel.

Loch Ewe

Wer bisher noch keinen Halt einlegte, um das herrliche Panorama zu genießen, sollte dies auf jeden Fall jetzt tun. Von zwei Aussichtspunkten hoch über dem Loch Ewe schweift der Blick weit über die breite Bucht und die mitten darin gelegene, felsige *Isle of Ewe*.

Am südlichen Ausläufer der Bucht befindet sich bei dem Weiler Poolewe TOP TIPP **Inverewe Garden** (Ostern–Okt. tgl. 9.30–21, sonst bis 16 Uhr), eine botanische Überraschung ersten Ranges. 1862 kaufte der Schotte Osgood Mackenzie hier eine kleine Halbinsel. Er begann, auf dem unfruchtbaren, versalzenen und sturmgepeitschten Boden einen Garten anzulegen – und das Unternehmen gelang. Dank des warmen Golfstroms kommt es hier nur selten zu den gefürchteten Winterfrösten und so gedeihen in dieser Klima-Nische des arktischen Bodens sogar subtropische Pflanzen. 1952 stiftete Mackenzies Tochter den wunderschönen Garten dem *National Trust for Scotland*.

Praktische Hinweise

Information

TIC, Argyle Street, Ullapool, Tel. 018 54/61 21 35, Fax 018 54/61 30 31

Hotels

****Four Seasons Travel Lodge**, Garve Road, Ullapool, Tel. 018 54/61 29 05, Fax 018 54/61 26 74, www.ullapoolhotel.com. Modernes, familiengeführtes Haus mit Ausblick über die Meeresbucht.

****Harbour Lights Hotel**, Garve Road, Ullapool, Tel. 018 54/61 22 22, Fax 018 54/61 25 74, www.harbour-lights.co.uk. Nettes Hotel mit großem Garten und guter Sicht über Loch Broom.

Nervenkitzel: Hängebrücke über der Corrieshalloch Gorge südlich von Ullapool

Pubs

Ferry Boat, Shore Street, Ullapool. Free House mit vielen Biersorten, gemütlicher Atmosphäre und guten Bar Snacks aus Meeresfrüchten.

Moorfield Motel, North Road, Ullapool. Der Besitzer des Free House steht per Funkgerät *(Ship to Shore Radio)* mit Trawlern in Kontakt und ordert schon vorab die besten Stücke des Fangs. Die Bar hat seit über 15 Jahren einen sehr guten Ruf, regelmäßig Livemusik und auch einige Fremdenzimmer sowie ein Restaurant anzubieten.

48 Gairloch

Loch Maree – Torridon

Ob Meeresküste oder Seeufer: Hier kann man Golf spielen, rudern und herrliche, einsame Spaziergänge unternehmen.

Bei der Anfahrt von Nordosten auf der A 832 hat man auf der Landenge kurz hinter *Inverewe Garden* schon einen prächtigen Ausblick auf den sich links der Straße der Länge nach hinziehenden *Loch Maree*, der wunderschön in einem Tal liegt. Bevor man an seine Ufer gelangt, führt die Straße erst einmal bergab in Richtung Küste auf das Örtchen Gairloch zu.

Nur rund 125 Einwohner leben in dem kleinen Ferienort an der sandigen Meeresbucht. Zur Unterhaltung stehen ein *Golfplatz* direkt am Meer und mehrere weite *Sandstrände* in unmittelbarer Umgebung zur Verfügung. Im preisgekrönten **Gairloch Heritage Centre** (April–Sept. Mo–Sa 10–17 Uhr) macht eine Ausstellung mit der Geschichte der Region bekannt. Dem kleinen Museum ist ein wichtiges Archiv angeschlossen. Es verfügt über Tausende von Fotos, Chroniken, Urkunden, Familienstammbäumen, Listen von Orts-, Insel- und Landmarkierungsbezeichnungen sowie über Tonbänder mit gälischen Geschichten und Liedern der nur mündlich überlieferten Tradition. So werden altes Kulturgut und nicht mehr praktizierte Sitten und Gebräuche vor dem völligen Vergessen bewahrt.

TOP TIPP Loch Maree

Direkt am Ufer des sehr schönen, lang gestreckten Loch Maree wächst der 980 m hohe Slioch steil in den Himmel.

Einsame schottische Seenlandschaft um den Loch Maree

Während der Schneeschmelze stürzen mächtige **Wasserkaskaden** vom Berg in die Tiefe. Im See liegen viele bewaldete **Inselchen**. Auf einem dieser Eilande hatte der keltische Missionar Maelrubha im 7. Jh. seine Klause. Der Name des Sees, Loch Maree, geht auf eine Verballhornung seines Namens zurück.

Die Straße führt hoch über dem Ufer entlang und immer wieder ergeben sich herrliche Ausblicke über die weite Wasserfläche. Vom Dörfchen *Talladale* aus hatte schon 1877 Königin Victoria eine Ruderpartie über den See unternommen. Etwas weiter nördlich locken Hinweisschilder zu einem kurzen Spaziergang zu den **Victoria Falls**, die die britische Königin weiland ebenfalls besuchte – daher der Name der Wasserfälle.

Der Berg ruft

Munros werden alle Berge in Schottland genannt, die über 3000 Fuß, also über rund 900 m hoch sind. Stolze 277 gibt es davon in Schottland, und wer sie alle bezwungen hat, darf sich **Munroist** nennen – ein Titel, der in gewissen Kreisen jedes Adelsprädikat in den Schatten stellt.

Am südlichen Ende des Loch Maree liegt bei der nur knapp 100 Einwohner zählenden Siedlung Kinlochewe das **Beinn Eighe Nature Reserve**. Ansprechend und interessant angelegt sind die ausgeschilderten Wanderwege, die den Spaziergänger mit Flora und Fauna der Gegend vertraut machen.

Ein *Visitor Centre* informiert während der Saison über die Region. Immerhin war das Naturreservat Großbritanniens erstes ausgewiesenes Schutzgebiet und umfasst heute fast 5000 ha.

Torridon

Bei Kinlochewe zweigt die A 896 nach Westen ab und führt zunächst durch eine imposante Berglandschaft zu der kleinen Streusiedlung Torridon. Im Dorf gibt es ein vom National Trust for Scotland betriebenes *Countryside Centre*, das in einer audiovisuellen Show über die lokale Flora und Fauna, vor allem aber über die großen Rotwildbestände der Region informiert. Wirklich bekannt ist Torridon aber für seine grandiose Umgebung, deshalb dient der Ort bevorzugt als Standquartier. Eine ganze Reihe von umliegenden *Munros*, etwa der 1054 m hohe Liathach, lockt die Gipfelstürmer und viele ausgeschilderte Wege und Pfade führen durch die felsige Einsamkeit.

Praktische Hinweise

Information

TIC, Auchtercairn, Gairloch, Tel. 014 45/71 21 30, Fax 014 45/71 20 71

Hotel

Myrtle Bank Hotel, Low Road, Gairloch, Tel. 014 45/71 20 04, Fax 014 45/71 22 14, www.myrtlebankhotel.co.uk. Hotel nahe dem Strand mit guten Ausblicken über das Dörfchen.

49 Wester Ross Region

Upper Loch Torridon – Loch Carron – Kyle of Lochalsh

Der Weg ist das Ziel: Unnahbar ragen die kargen schottischen Berge empor, aber das Gefühl von Weite ist erhebend.

Upper Loch Torridon

Bei der Fahrt am Ufer des Upper Loch Torridon nach Westen gibt es Gelegenheit zu malerischen Ausblicken über das Wasser. Rund um eine waldbestandene Bucht liegt das Örtchen **Shieldaig**, das hier im 19. Jh. angelegt wurde. Auf einer vorgelagerten Insel wächst noch die selten gewordene Kaledonische Kiefer.

Kurz hinter Shieldaig zweigt von der A 896 eine Straße gen Westen ab und fährt entlang der Küste zu dem 235-Seelen-Dorf **Applecross** am Ufer des Inner Sound. Das Dorf ist weithin für seinen gemütlichen Pub **Applecross Inn** (www.applecross.uk.com/inn) bekannt. In dem Free House gibt es regelmäßig *Livemusik*, und während man isst oder ein Bier trinkt, schweift der Blick über den inneren Sund hinüber zur Insel Raasay und weiter auf Skye zu. Der Name Applecross ist übrigens eine englische Verballhornung des gälischen *Apor Crosan*, was so viel wie ›Mündung‹ bedeutet. Im Jahre 673 hat der keltische Heilige Maelrubha in dem Örtchen ein Kloster gegründet; hier wurde er auch zur letzten Ruhe gebettet.

Das letzte Wegstück führt auf der höchsten Passstraße der ganzen Insel nach Südosten. Am höchsten Punkt dieser **Bealachna Gorm** – ›Rinderpfad‹ – genannten, nichtklassifizierten Single Track Road bietet sich dem Auge ein wunderbarer **Ausblick**. Da steht man staunend in 626 m Höhe, steil fällt graugrüner Moorboden in die Tiefe ab, weit unten trennt ein Streifen Meer das Festland von der Isle of Skye, auf der in der Ferne die mit Schneekappen versehenen Cuillins Mountains grüßen, und darüber hängen am blauen Himmel wie weiße Wattebäusche die Schönwetterwolken. Gen Süden schaut man direkt in den Loch Kishorn; in dieser Tiefseebucht wurden lange Zeit die gigantischen Bohrinseln und Ölplattformen für die Offshore-Nordseeförderung gebaut.

Loch Carron

Kurz nach Ardarroch sieht der Besucher vor sich den Loch Carron. Hier liegt auch der kleine Ort *Lochcarron*, dessen weiße Cottages der 200 Einwohner wie Perlen am Ufer aufgereiht sind. Der weit ins Land eingeschnittene Meeresarm ist von Bergen und Wäldern eingerahmt. Die kleine A 896, später die A 890, führt von hier aus direkt nach Kyle of Lochalsh.

Etwa bei *Strathcarron* beginnt eine der landschaftlich schönsten Strecken von Schottland. Mal führt die schmale Trasse hoch über den Meeresarm, links gesäumt von steilen Hängen, die mit Maschendraht armiert sind, um Steinschlag zu verhindern. Es geht hinab auf Meeresniveau und wie bei einer Achterbahn steil hinauf in luftige Höhen. Hoch über dem Weiler **Stromeferry** lädt ein Parkplatz zum Verweilen ein: Von hier hat man einen weiten Blick über den Loch Carron, auf die weißen Häuschen des gegenüberliegenden Ufers und weit hinaus auf die schroffen Berge der Northwestern Highlands.

Kyle of Lochalsh

Wenige Minuten Fahrt noch und der kleine Fährort **Kyle of Lochalsh** ist erreicht, der ab 1890 rund um den Bahnhof (der Strecke Inverness–Kyle) herumwuchs. In dem Ort stauten sich alljährlich während der Saison die Blechlawinen der Autos, und das trotz der ununterbrochen stattfindenden, nur wenige Minuten dauernden Überfahrt zur landschaftlich wunderschönen Isle of Skye.

Damit hat es nun glücklicherweise ein Ende, denn die Innere-Hebriden-Insel ist heute durch eine *Brücke* (mautpflichtig) mit dem Festland verbunden. Andererseits muss man beklagen, dass in dieser strukturschwachen Gegend nun wieder eine Reihe von Arbeitsplätzen weggefallen sind. Da die Fähren der Gesellschaft Caledonian MacBrayne (in Schottland

Für das Eilean Donan Castle bietet der Loch Duich die passende Kulisse

kurz Calmac genannt) 24 Stunden am Tag in Dienst waren, arbeiteten in drei Schichten fast 50 Menschen, die nun ihren Job verloren haben.

i Praktische Hinweise

Information

The Car Park (Parkplatz oberhalb des alten Fähranlegers), Kyle of Lochalsh, Tel. 015 99/53 42 76, Fax 015 99/53 48 08

Hotel

Tigh-an-Eilean, Shieldaig, Tel. 015 20/ 75 52 51, Fax 015 20/75 53 21, tighaneilean hotel@ shieldaig.fsnet.co.uk. Sehr gemütlich, direkt am Seeufer; mit Free House und gutem Seafood Restaurant.

50 Eilean Donan Castle

TOP TIPP *Schottlands meistfotografiertes Märchenschloss liegt inmitten eines lieblichen Sees.*

10 km östlich von Kyle of Lochalsh an der A 87 liegt auf einer kleinen Insel am Zusammenfluss dreier Seen und vor einer grandiosen Bergkulisse Schottlands viel gerühmte Bilderbuchburg *Eilean Donan Castle* (April–Okt. tgl. 10–17.30 Uhr).

Schon seit 1230 steht hier eine Befestigung, die später in den Besitz der Mackenzie-Familie (später die Earls of Seaforth) überging. Diese ließen ihre Burgvögte, die MacRea's, in der Festung residieren.

Im Zuge der jakobitischen Aufstände wurden 1719 spanische Söldner in der Festung einquartiert. Als die Engländer davon Wind bekamen, schickten sie die drei Fregatten in den nahen Loch Duich und schossen die Burg kurz und klein.

200 Jahre ragte das Tower House wie ein schwarzer hohler Zahn in den wolkigen Himmel und war den zerstörerischen Einflüssen der Witterung ungeschützt ausgesetzt. Zwischen 1912 und 1932 dann wurde es von der Familie MacRea umfangreich restauriert.

Heute ist Eilean Donan Castle wieder bewohnbar und auch leicht über eine Brücke vom Festland aus zu erreichen. Abertausende von Besuchern drängen sich in der Saison in und um die Festung.

Schottlands Inselwelt – Trutzburgen im Meer

Wie ein Schutzwall vor den anbrandenden Atlantikwellen legen sich die *Äußeren-Hebriden-Inseln* vor die Westküste Schottlands. Wer den richtigen und echten *Tweed* sucht, muss das Doppeleiland **Isle of Lewis and Harris** besuchen, denn nur der hier hergestellte Stoff darf sich auch wahrhaftig Tweed nennen. In vielen Crofter-Gehöften stehen Männer wie Frauen an den noch immer handbetriebenen Webstühlen und jagen rhythmisch klappernd das Schiffchen mit dem Faden durch die Kette. Bekannt ist Lewis and Harris auch für seine *Black Houses*, die armseligen *Crofter Cottages*, in denen es keinen Kamin gab und wo der beißende Rauch des Torffeuers durch ein einfaches Loch im Dach abzog. Schließlich kann die Doppelinsel mit einer Anzahl megalithischer *Steinsetzungen* aufwarten, etwa mit dem moosbewachsenen, wie ein langer spitzer Zahn aussehenden, rund 5 m hohen *Truiseil Stone*.

Zwischen den Äußeren Hebriden und der schottischen Festlandküste liegen die *Inneren Hebriden*, zu denen das bekannte Klostereiland **Iona** gehört sowie die mit natürlichen Basaltsäulen überzogene ›Stab-Insel‹ **Staffa**. Auch die beiden landschaftlich wunderschönen Inseln **Mull** und **Skye** darf man auf keinen Fall bei einer Schottlandrundreise auslassen.

Vor der Nordküste Schottlands, gerade einmal zwei Fährstunden vom Festland entfernt, befinden sich die *Orkneys*. Der kleine Archipel zählt 67 Inseln, nur die wenigsten sind bewohnt. Die knapp 20 000 Einwohner verteilen sich auf 18 Eilande. **Mainland**, die größte dieser Inseln, beherbergt die beiden Metropolen: die einstige Hauptstadt Kirkwall mit 6500 Einwohnern und das seit jeher wirtschaftlich bedeutende Hafenstädtchen Stromness mit 2500 Bewohnern. Seinen Namen verdankt der Archipel den Wikingern – die nämlich nannten ihn Orkneyjar, die ›Inseln der Seehunde‹.

Wesentlich weiter nördlich – die große Fähre von Aberdeen braucht eine ganze Nacht für die Überfahrt – liegen die *Shetlands* im rauen Nordatlantik. Die Hauptinsel heißt ebenfalls Mainland und ist zu einer Drehscheibe für die Arbeiter der Offshore-Bohrinseln geworden. **Mainland** verfügt über eine ganze Anzahl von geschützten Tiefwasserbuchten. Nach dem alten Wikingerwort für Bucht, *Voe*, werden diese Naturhäfen auf den Shetlands genannt. In einem davon, im Sullom Voe an der Westküste von Mainland, entstand das größte Ölverlade-Terminal Europas. Computergesteuert fließen hier Abertausende von Tonnen Rohöl in die gigantischen Tanker.

Wer Schottland bereist, besucht damit nicht unbedingt auch die zwar zugehörigen, aber abseits gelegenen Inselgruppen. Sehr günstig zu erreichen sind die Inseln der Inneren Hebriden: Skye, Mull, Staffa und Iona. Diese landschaftlichen Leckerbissen sollte man sich keinesfalls entgehen lassen.

◁ **Links oben:** *Fremdartig, unnahbar, und deshalb so faszinierend: ›The Storr‹ auf Skye*
Links Mitte: *Karibische Gefühle wecken die bonbonbunten Häuschen von Tobermory, der Hauptstadt von Mull*
Links unten: *Die Abtei von Iona war Ausgangspunkt der christlichen Missionsarbeit*

51 Isle of Skye

Berühmt ist die größte Insel der Inneren Hebriden für ihre landschaftliche Schönheit und ihren Reichtum an Legenden und Sagen aus keltischer Zeit.

Der Name der 75 km langen und zwischen 5 und 40 km breiten Insel kommt vom gälischen *Eilean Skiathanach* und bedeutet ›geflügeltes Eiland‹. In der Tat sehen die langen, weit ins Meer vorstoßenden Halbinseln Waternish und Trotternish wie große Schwingen aus. Mehr als die Hälfte der rund 8000 Bewohner von Skye spricht im Alltag noch gälisch miteinander. Sie nennen ihre Heimat auch *Eilean a' Cheo*, ›Insel des Nebels‹ – eine recht treffende Bezeichnung. Oft hängen hier die Wolken tief und die Bergspitzen verschwinden darin. Wenn aber die Sonne scheint, der blaue Himmel mit ein paar Schönwetterwolken grüßt, das Meer die gleiche Farbe hat und von leichten Schaumkronen geziert wird, dann gibt es keine schönere **Berg- und Meerlandschaft** im ganzen Inselreich.

Land- und Forstwirtschaft, Fischerei und vor allem der Tourismus bringen Geld in die Kassen der Bewohner. Als 1890 die Eisenbahnlinie von Inverness nach Kyle of Lochalsh fertig gestellt war, kamen die ersten viktorianischen Touristen auf das Eiland. Schnell verbreiteten sie die Nachricht von der grandiosen Naturerfahrung im gesamten Land und alljährlich strömten nun Wanderer und Bergsteiger nach Skye.

Für eine Rundfahrt um die Insel muss man mindestens einen ganzen Tag ansetzen und sollte bereits früh am Morgen losfahren. Besser und geruhsamer ist es jedoch, eine Übernachtung in einem der vielen *Bed & Breakfasts* einzuplanen, um in Ruhe und mit Muße die landschaftliche Schönheit und andere Sehenswürdigkeiten der Insel zu erleben.

Unbedingt sollten Wanderer, die beispielsweise in den **Cuillins** oder den **Storr Mountains** unvergleichliche Bergszenerien und fantastische Ausblicke erleben möchten, über alpine Erfahrung und eine vollständige Bergwanderausrüstung verfügen. Innerhalb von wenigen Minuten kann das Wetter im Hochsommer auf den Gipfeln von strahlendem Sonnenschein zu Nebel mit Hagel- und Schneeschauern und Sichtweiten von weniger als 3 m umschlagen.

Besichtigung Eine Insel-Rundfahrt beginnt im Fährörtchen **Kyleakin**, in dem im 19. Jh. der erste Laden des damals einsamen, wenig bevölkerten Eilandes öffnete. Von dort führt die A 87 an der Küste entlang nach Norden. Nach einigen Kilometern passiert man den vom 775 m hohen Glamaig überragten Weiler Sconser, von wo eine Fähre mehrmals täglich Bewohner wie Besucher zur kleinen Insel **Raasay** bringt. Das benachbarte Eiland **Scalpay** ist hingegen unbewohnt und

So lebte man früher auf Skye: ›Black House‹ bei Colbost

Blick über den Loch Scavaig auf die Cuillin Hills von Skye

daher ein Paradies für Robben und Seevögel.

Durch das dunkle Glen Varagill geht es dann auf die Inselhauptstadt zu: **Portree**, mit 1400 Einwohner die größte Siedlung von Skye, besitzt einen geschützten Naturhafen, in dem einträchtig einfache Fischerboote neben mondänen Segeljachten vor Anker liegen. Der Name des Städtchens geht auf die gälisch-englische Bezeichnung *Port-an-Righ* zurück, was ›Hafen des Königs‹ bedeutet und an den Besuch von Jakob V. im Jahre 1540 erinnert. Kurz vor dem Örtchen mit den bunt bemalten Häusern informiert das **Aros Experience/Skye Heritage Centre** (März–Dez. tgl. 9–18 Uhr) mittels Videofilmen, Dioramen, Fotos und weiteren Exponaten über die Geschichte der Insel.

Von Portree führt eine einspurige Straße weiter in Richtung Norden auf die Trotternish-Peninsula. Nur bei schönem Wetter erkennt der Besucher dort den Gipfel des 719 m hohen Storr, an dessen Hügelflanke die schwarze Basaltnadel **Old Man of Storr** 50 m hoch aufragt. Ein wenig weiter ist rechter Hand der **Kilt Rock View** erreicht. Hier lassen sich die höchsten Klippen von Skye sowie eine Anzahl von Basaltsäulen im Meer und ein Wasserfall, der aus einer Höhe von über 100 m in die See stürzt, bestaunen.

Keinesfalls versäumen sollte man bei Quiraing die ungewöhnlichen Basaltformationen. Ein Stückchen hinter dem lang gezogenen Straßendorf Staffin zweigt eine schmale, unklassifizierte Passstraße gen Westen ab und führt an den Schultern des 543 m hohen **Quiraing** quer über die Halbinsel zum Örtchen Uig. Bei schönem Wetter sollte man dieser Strecke den Vorzug geben, denn nach der Hälfte der Tour ergibt sich von der höchsten Stelle der Trasse ein unvergesslicher Ausblick auf die Spitze der Trotternish Peninsula und weit hinaus aufs Meer. Lassen tiefhängende Wolken diesen Ausflug nicht zu, geht es entlang der **Staffin Bay** mit ihren langen Sandstränden zum weißen Flodigarry Hotel. *Flora MacDonald* [s. S. 118] lebte in den Jahren 1751–56 in dem kleinen Cottage hinter dem Gasthaus.

Die Straße führt nun um die Spitze der Trotternish-Halbinsel herum und vorbei an den Resten von **Duntulm Castle**. Die strategisch günstig auf einer hohen Klippe gelegene Befestigung des Clans MacDonald überwachte die Fährroute zu den Äußeren Hebriden.

In der Streusiedlung Kilmuir informieren direkt an der A 855 im **Skye Museum of Rural Life** (April–Okt. tgl. 9–17.30 Uhr) eine Anzahl eingerichteter *Black Houses* sowie viele Fotos über das früher überaus harte Alltagsleben auf der Insel. 200 m entfernt ist der **Friedhof** von **Kilmuir**. Hier wurde 1790 die 68-jährige, bis heute hochverehrte heimliche Nationalheldin Schottlands, Flora MacDonald, unter überwältigender Anteilnahme der schottischen Bevölkerung zur letzten Ruhe gebettet. 90 Jahre später errichteten ihr die

Schotten das Hochkreuz, in dem der berühmte Satz von Dr. Samuel Johnson eingemeißelt ist: »Ihr Name wird in der Geschichte immer genannt werden, und wenn Mut und Treue noch als Tugenden gelten, dann mit Hochachtung.«

Einige Kilometer weiter südlich liegt das Dörfchen **Uig** geschützt am Ufer der Bay. Ein Anlegesteg reicht weit in die Bucht hinein. Von hier verkehren Fähren zu den Äußeren-Hebriden-Inseln, nach Lochmaddy auf North Uist sowie nach Stornoway auf Lewis and Harris.

Von Uig verläuft die A 87 weiter gen Süden und nach ca. 17 km zweigt die A 850 in Richtung Westen ab, durchquert die Waternish-Halbinsel und führt schließlich zum Örtchen Dunvegan mit dem nahe gelegenen **Dunvegan Castle**. Noch immer Stammsitz der MacLeods, ist es hoch über dem Wasser auf einer Felsplattform errichtet und wacht über eine breite Bucht.

Eindrucksvoll sieht die Burg vor allem von der Wasserseite aus. Eine Festung gab es hier schon im 13. Jh. Die derzeitige Bausubstanz datiert von 1840, als der 25. Clan-Chef der MacLeods die Festung umbauen und auch gleichzeitig die Brücke errichten ließ. In früheren Tagen konnte Dunvegan Castle nur von der Wasserseite her erreicht werden und die Kaperschiffe der MacLeod waren in ganz Schottland gleichermaßen berühmt wie berüchtigt.

Sagenumwoben und weit über Skye hinaus bekannt ist ein schon recht fadenscheiniges Ausstellungsstück, das im großen Salon von Dunvegan Castle sorgfältig hinter Glas geschützt wird: die *Fairy Flag* oder *Am Bratach Sith* – die seidene ›Fahne der Elfen‹. Es geht die Sage um, dass vor vielen hundert Jahren die Feen das machtvolle Tuch den MacLeods übereigneten, damit es für alle Zeit den Clan vor Gefahren schützen solle.

Als Stichstraße verläuft die schmale B 884 von Dunvegan in Richtung Nordwesten auf die klippengesäumte Landspitze **Dunvegan Head** zu, wo die Felsen bis zu 313 m hoch steil aus dem Meer ragen und ein sicheres Refugium für viele Seevögel sind. Im Westen erhebt sich der 488 m hohe Tafelberg *MacLeod's Table*. Im Weiler **Colbost** sollte der sozialhistorisch interessierte Besucher einen Halt beim **Folk Museum** (Ostern–Okt. tgl. 10–18.30 Uhr) einlegen, wo in einem *Black House* die Geschichte der vergangenen Jahrhunderte lebendig gehalten wird.

Weiter geht es auf einer einspurigen, alle 100 m mit Ausweichbuchten versehenen Single Track Road am Westufer des langen Loch Dunvegan entlang. Nach wenigen Minuten Fahrt passiert man ein Steinmonument, ein *Cairn*, das an die Dudelsackschule der MacCrimmons erinnert. Diese Familie stellte die Quetschsackbläser für den Clan der MacLeods. Nahebei, im Weiler **Boreraig**, gibt ein kleines **Dudelsack-Museum** (April–Sept. Di–So 11–17.30, Juni–Aug. tgl. 11–17.30 Uhr) Einblicke in und um dieses ungewöhnliche Instrument.

Zurück nach Dunvegan geht es auf der A 863 in Richtung Süden. Entlang der Gestade des Loch Bracadale führt kurz hinter der Streusiedlung Drynoch eine unklassifizierte Stichstraße in Richtung Westen auf die Minginisch-Halbinsel. Über den Carbost ist nach kurvenreicher Fahrt das **Tallisker** erreicht. Hier brennt die einzige **Whisky-Destille** (Mo–Fr 9–16.30 Uhr, Nov.–März nur nach Vereinbarung, Tel. 014 78/64 03 14) der Isle of Skye einen guten, torfrauchigen *Pure Single Malt* und lädt Besucher zu einer Besichtigung mit abschließendem *Wee Drum* ein.

Zurück auf der Hauptroute mündet beim Dorf Sligachan die A 863 in die A 850 und der Kreis schließt sich. Von Broadford verläuft die Single Track Road B 8083 in Richtung Westen und schlängelt sich bald einspurig an den Hängen des 928 m hohen Felsmassivs **Bla Bheinn** entlang. Am Ende der kurvenreichen Strecke liegt an der Spitze einer kleinen, weit ins Meer reichenden Halbinsel das Fischerdörfchen **Elgol**. Von hier hat man eine wunderbare, wahrlich atemberaubende und unvergessliche **Aussicht** über die breite Bucht Loch Scavaig auf die Cuillins. Dies ist das dramatischste aller Isle-of-Skye-Gebirge mit dem 993 m hohen Sgurr Alasdair, auf dem sich selbst noch im Sommer ausgedehnte Schneefelder behaupten.

Zurück nach Broadford und von dort nach rechts in Richtung Kyleakin zweigt beim Weiler Skulamus die A 851 nach Süden ab. Sie führt zum **Clan Donald Centre** (April–Okt. tgl. 9.30–17.30 Uhr) in *Armadale Castle* – neben den MacLeods der zweite Clan auf der Isle of Skye und mit diesen über Jahrhunderte verfeindet. Das Museum erzählt mit vielen Ausstellungsstücken die Geschichte der hiesigen *Sea Kingdoms* und der *Lords of the Isles*. Das Areal rund um die Burg lädt auf seinen **Nature Trails** und mit dem Arbo-

Ein Kunstwerk wie die Fingal's Cave auf Staffa kann nur die Natur schaffen

retum zu Waldspaziergängen ein. Viele schöne Aussichtspunkte, von denen man den Sleat-Sund überblicken kann, eignen sich hervorragend als Picknickplätze.

Vom nahe gelegenen Armadale Pier verkehrt die Autofähre zum Fischerörtchen Mallaig auf dem gegenüberliegenden Festland.

i Praktische Hinweise

Information

TIC, Bayfield House, Portree, Tel. 014 78/61 21 37, Fax 014 78/61 21 41

TIC, The Car Park (am zentralen Parkplatz), Broadford, Tel. 014 71/82 23 61, Fax 014 71/82 21 41

Hotels

******Flodigarry Country House Hotel**, Staffin, Tel. 014 70/55 22 03, Fax 014 70/55 23 01, www.flodigarry.co.uk. Weißes Strandhotel mit stilvollen Zimmern; angegliedert ist ein günstiges und gemütliches Hostel.

******Uig Hotel**, Uig, Tel. 014 70/54 22 05, Fax 014 70/54 23 08, www.uighotel.com. Traditionsreiches Hotel in einer ehem. Kutschstation.

*****Ferry Inn**, Uig, Tel. 014 78/61 12 16, Fax 014 78/61 12 24, ferry.inn@btopen world.com. Schöne Ausblicke über die weite Bucht von Uig.

Restaurants

Harlosh House, 5 km südlich von Dunvegan, Abzweigung von der A 863, Tel. 014 70/52 13 67. Lokal mit bester schottischer Küche und schönem Blick auf das Meer und die Berge.

Three Chimneys, Colbost (6 km westlich von Dunvegan an der B 884), Tel. 014 70/51 12 58. Einheimische Küche in uraltem Cottage mit Meerblick.

Loch Bay Seafood Restaurant, Stein (Halbinsel Waternish, 10 km nördlich von Dunvegan, Abzweigung von der A 886), Tel. 014 70/59 22 35. Feine schottische Gerichte.

52 Isles of Mull, Staffa & Iona

Fantastisch geformte Basaltsäulen, beeindruckende Natur und einzigartige Zeugnisse christlicher Geschichte machen den Besuch der drei Inseln unvergesslich.

Im Tourist Office von Oban [Nr. 58] kann man die ›Drei-Insel-Tour Mull, Staffa und Iona‹ buchen, was billiger und bequemer ist, als eine selbst organisierte Reise mit dem eigenen Auto zu unternehmen.

Mull

Von Oban setzt die Passagierfähre allmorgendlich zur Isle of Mull über. Die Fahrt dauert nur eine knappe halbe Stunde, dann steht man am Pier des Weilers *Craignure* schon wieder auf festem Boden. Autobusse bringen die Mitglieder der Tour durch den landschaftlich sehr schönen, hügeligen bis gebirgigen Süden der Insel zum Pier von *Fionnphort* an der Westküste.

Wer die drittgrößte Hebrideninsel auf eigene Faust erkunden möchte, kann von Oban oder Kilchoan auch nach **Tober-**

Mit Nonchalance spielen die Papageientaucher auf Staffa ihre Rolle als Stars

mory, dem Hauptort von Mull, übersetzen. Das Städtchen mit gerade 650 Einwohnern ist stolz auf den hauseigenen *Ledaig-Malt Whisky*. Er wird seit 1798 in der *Tobermory Distillery* (Ostern–Okt. Mo–Fr 10–17 Uhr) gebrannt, die man während der Saison besichtigen kann.

Neben der zum Teil spektakulären **Berg- und Hügellandschaft** gibt es vor allem im Süden auch von Menschenhand geschaffene Sehenswürdigkeiten. Bei Craignure etwa das viktorianische **Torosay Castle** (Ostern–Okt. tgl. 10.30–17 Uhr) aus der Mitte des 19. Jh. Es liegt inmitten einer lieblichen, terrassierten Gartenanlage.

Martialischer gibt sich **Duart Castle** (Mai–Sept. tgl. 10.30–17.30 Uhr) an der Ostspitze von Mull. Der heute restaurierte Stammsitz der MacLeans geht auf eine Burggründung im 13. Jh. zurück. Eine Ausstellung erzählt die bewegte Geschichte des Clans.

An der Südküste bei Carsaig führt bei Ebbe ein Weg zu den beeindruckenden Höhlen und Vertiefungen der **Carsaig Arches**, die nur die Gewalt des Meeres so fantastisch in die Basaltfelsen waschen konnte.

Bei Fionnphort im äußersten Westen legt das Boot nach Staffa ab.

Staffa

Auch bei schönem, windstillen Wetter ist der Wellengang beträchtlich und man braucht an Bord der zu drei Viertel offenen Nussschale eine wasserdichte Jacke. Nach 45 Minuten rollender und schaukelnder Fahrt ist Staffa erreicht.

Das kleine Eiland gehört dem *National Trust for Scotland*. Es ist vulkanischen Ursprungs und die erstaunlichen regelmäßigen **achteckigen Basaltsäulen**, die man allerorten bewundern kann, brachten ihr den Namen ›Stab-Insel‹ ein.

Eine weitere Attraktion ist **Fingal's Cave** im Westen. Die große Höhle ist nach dem mythischen Keltenkönig Fingal benannt, dem die majestätische ›Naturkathedrale‹ sicher zur Ehre gereichen würde. Die mächtigen Basaltpfeiler werfen schimmernd in verschiedenen Farben das Licht zurück und wie ein gewaltiger Resonanzkörper gibt die Grotte ein klares, ungemein lautes Echo.

Ein Naturereignis ganz anderer Art findet der Besucher auf der Ostseite der Insel. Hier nistet eine **Papageientaucherkolonie**, in der die putzigen Vögelchen an Menschen gewöhnt zu sein scheinen. Sie watscheln bis auf Armeslänge heran und lassen sich auch durch das Dauersurren der Besucherkameras nicht aus der Ruhe bringen.

Dem einzigartigen Zauber des bizarren Staffa verfielen über die Jahrhunderte viele bekannte Persönlichkeiten. Darunter waren die romantischen Dichter John Keats (1795–1821) und William Wordsworth (1770–1850), der Maler Joseph Mallord William Turner (1775–1851), der Schriftsteller des rauen Hochlandes, Sir Walter Scott, und selbstverständlich die schottlandversessene Königin Victoria. Sie alle legten auf ihre Art Zeugnis ihrer Begeisterung ab. Felix Mendelssohn-Bartholdy (1809–1847) etwa ließ sich auf Staffa zu seiner Hebriden-Ouvertüre inspirieren.

Iona

Dritte und letzte Anlaufstelle der Insel-Tour ist Iona, das berühmte **Klostereiland**. Hier gründete der irische Mönch Columban d. Ä. im 6. Jh. eine Abtei und christianisierte in den Highlands.

Im Skriptorium der Abtei begannen die gelehrten Brüder das weltbekannte *Book of Kells*, ein mit prächtigen Miniaturen einzigartig ausgestattetes Evangelienbuch. Als Anfang des 9. Jh. plündernde Wikinger unter den Mönchen ein Blutbad anrichteten, flohen die Überlebenden mit dem Buch nach Irland ins Kloster von Kells. Trotz der Flucht der Mönche geriet Iona nicht in Vergessenheit. Die kleine Insel hatte große geistliche Bedeutung in Schottland erlangt und avancierte nun zur **letzten Ruhestätte der Köni-**

ge. Insgesamt wurden auf Iona 48 schottische, vier irische und acht norwegische Monarchen begraben. Auf dem **St. Oran's Cemetery** liegen unter anderem Kenneth MacAlpin, Reichsgründer und Einiger von Schotten und Pikten, sowie König Duncan, der von Macbeth erstochen wurde; 17 Jahre später folgte der Mörder seinem Opfer nach. 1097 kam die Begräbnistradition auf Iona mit der Grablege von Donald III. zum Erliegen. Ab nun fanden die Herrscher ihren ewigen Schlaf in der Abteikirche von Dunfermline [Nr. 25].

Vom Pier von Iona spaziert man vorbei an den Häusern der Siedlung *Baile Mor* (gälisch für ›großes Dorf‹), passiert die Ruinen eines um 1200 erbauten *Nonnenklosters*, lässt das kleine *Heritage Centre* und das hoch aufragende *Mac Lean's Cross* (aus dem 15. Jh.) links und das Columban Hotel rechts liegen und erreicht nun das Gelände der TOP TIPP **Iona Abbey** (April–Sept. tgl. 9.30–18.30, Okt.–März bis 16.30 Uhr). Das erste Gotteshaus ist die kleine *St. Oran's Chapel*, erbaut im 12. Jh. und damit das älteste Gebäude auf der Insel. Es steht inmitten des so genannten *Reilig Odhrain*, des ›heiligen Grabgeländes‹.

Ein kurzer Fußweg führt von der Kapelle zur **Abteikirche**, deren Ursprünge ins 13. Jh. zurückreichen. 200 Jahre später kamen umfangreiche Anbauten und der kurze Vierungsturm hinzu. Eindrucksvolle *Hochkreuze* ragen vor der Abteikirche auf. Das über 4 m hohe **St. Martin's Cross** datiert aus dem 8. Jh. Vom *St. Matthew's Cross* aus dem 9. oder 10. Jh. ist nur noch die Basis übrig und das *St. John's Cross* ist die Nachbildung eines ursprünglich aus dem 8. Jh. stammenden Hochkreuzes. An Iona Abbey schließt sich nördlich das **Infirmary Museum** an. Es zeigt frühchristliche und mittelalterliche Grabfiguren sowie Arbeiten der so genannten Iona School, die im 14. und 15. Jh. für ihre Steinschnitzereien berühmt war.

Wer genügend Zeit hat und die Insel weiter erkunden möchte, sollte den 100 m hohen Berg **Dun I** nördlich der Abteikirche besteigen, um sich einen ersten Gesamteindruck zu verschaffen. An der Westküste des Eilandes gibt es mehrere schöne Sandstrände; der längste von ihnen ist der *Camus Col an Taibh*, gälisch für ›Bucht im Rücken des Ozeans‹. Hervorragend geschützt vor den anbrandenden Atlantikwellen ist im Süden Ionas die Bucht *Port na Curaich*, auch bekannt als

Die Hochkreuze vor Iona Abbey zeugen von geistigen Brücken zur Nachbarinsel Irland

Columban's Bay. Der südöstlichste Punkt der Insel schließlich eröffnet dem Besucher einen Blick auf die offen gelassenen Steinbrüche, auf gälisch *Rubha na Carraig Geire*, wo bis 1914 Marmor gebrochen wurde.

i Praktische Hinweise

Information

TIC, The Pier, Tobermory, Mull, Tel. 016 88/30 21 82, Fax 016 88/30 21 45

TIC, The Pier, Craignure, Mull, Tel. 016 80/81 23 77, Fax 016 80/81 24 97

Hotels

*****Calgary Hotel**, bei Dervaig, Mull, Tel./Fax 016 88/40 02 56, www.calgary.co.uk. Komfortables ehem. Bauernhaus nahe schönem Strand.

*****St. Columba Hotel**, Iona, Tel. 016 81/70 03 04, Fax 016 81/70 06 88, www.stcolumba-hotel.co.uk. Freundliches Familienhotel direkt neben der Abtei.

Der Südwesten Schottlands – vielseitiges Urlaubsparadies

Der Südwesten Schottlands wird von den Highlands abgegrenzt durch den **Great Glen**, eine diagonal durch das Land verlaufende geologische Bruchlinie. Schottlands berühmtester See, der **Loch Ness**, füllt einen großen Teil dieser Verwerfungsspalte. Für Touristen sehr attraktiv sind **Fort William** und **Oban**. Das freundliche Küstenstädtchen eignet sich gut, um die kleinen felsigen Inseln vor der Küste zu besuchen und Fort William ist Startpunkt für die Besteigung des *Ben Nevis*. Bleiben Sie jedoch unbedingt auf den gekennzeichneten Wegen und helfen Sie mit, die Umwelt zu schützen. Immerhin ist die Natur eines der wichtigsten Pfunde, mit denen Schottland wuchern kann: Das *Scottish Development Department* meldet stolz, dass 95 % der schottischen Flüsse Trinkwasserqualität haben und 70 % aller Seen ökologisch noch intakt sind.

Die Region im äußersten Südwesten heißt **Argyll**, was von dem gälischen Wort *Araghaidal* abgeleitet ist und so viel wie ›Grenze der Gälen‹ bedeutet. Die Römer nannten das Land *Scotti*, wovon – unschwer erkennbar – der heutige Name ›Schottland‹ stammt. In Argyll wurde während der *Land Clearances* ganz besonders unter den Crofters gewütet. Die Landvertreibungen hießen hier ›weiße Pest‹, nach der weißen Wolle der Schafe.

Aus Dankbarkeit für treue Dienste übertrug der Schottenkönig Robert Bruce dem Oberhaupt der Campbell-Familie im 13. Jh. riesige Ländereien. Das derzeitige Familienoberhaupt ist noch immer einer der größten Landbesitzer der Britischen Insel. Ähnlich reich wie an Latifundien ist er an Titeln: Duke of Argyll, Earl of Campbell, Marquis of Kintyre, Lord of Inverary und noch einige Dutzend mehr. Doch keine Bange, es bleibt noch reichlich von der herrlichen Landschaft für die Allgemeinheit übrig. So zählt zum Beispiel die Route von Inverness entlang des schiffbaren *Kaledonischen Kanals* nach Fort William zu den schönsten, die Schottland zu bieten hat.

53 Drumnadrochit

Hier versteckt sich das ›Ungeheuer von Loch Ness‹ keineswegs; man begegnet ihm vielmehr auf Schritt und Tritt.

An das Nordwestufer des bekanntesten schottischen Sees, des **Loch Ness**, schmiegt sich das 360-Seelen-Dorf Drumnadrochit. Hier darf man einen Besuch im **Official Loch Ness Exhibition Centre** (Juni–Sept. tgl. 9–18/20, Okt.–Mai tgl. 10–15.30/17.30 Uhr) auf keinen Fall versäumen. Es geht natürlich um ›Nessie, das Ungeheuer von Loch Ness‹. Die Ausstellung ist so vorurteilsfrei organisiert, dass sich jeder Besucher selbst ein fundiertes Urteil über den Mythos dieses dunklen torfhaltigen Sees machen kann.

Etwas außerhalb des Zentrums wacht auf einer kleinen felsigen Halbinsel über dem Ufer des Loch Ness die düstere Ruine von **Urquhart Castle** (April–Sept. tgl. 9.30–18.30, sonst bis 16.30 Uhr). Die Anlage liegt strategisch äußerst günstig und spielte für die Schotten als Stützpunkt in den so genannten Unabhängigkeitskriegen des 14. Jh. eine wichtige Rolle.

◁ *Im Schatten von Urquhart Castle genießen Skipper die stimmungsvolle Ruhe an den grünen Ufern des Loch Ness, bevor sie der Kaledonische Kanal zur Weiterfahrt ruft*

1691 wurde die als uneinnehmbar geltende Burg von Schotten in die Luft gesprengt, damit sie den Jakobiten nicht in die Hände fiel.

Monsterjäger sollten ihre Kamera griffbereit halten, da Nessie von hier oben mehrfach gesichtet und fotografiert wurde. Vor allem von der oberen Plattform des Hauptturms schweift der Blick weit über die dunkle Wasserfläche des verwunschen wirkenden Sees.

Nessie lässt grüßen

Die erste Erwähnung von Nessie, dem Ungeheuer von Loch Ness, geht auf das 6. Jh. zurück, als der irische Missionar Columban angeblich eine mordende Bestie durch die Macht des göttlichen Kreuzes zurück ins Wasser befahl. In den folgenden Jahrhunderten erzählten sich die Anwohner des düsteren Gewässers Geschichten von **Kelpies**, nur scheinbar harmlosen Wasserpferden.

Als 1933 die A 82 am Westufer des Loch Ness gebaut wurde, kam es in regelmäßigen Abständen zu Begegnungen der dritten Art. Tausende von aufgeklärten Mitteleuropäern wollten im Loch Ness ein Monster gesichtet haben. Wahrheit oder Fälschung: Spekulationen darüber lassen die Anwohner von Loch Ness – die jedes Jahr von den 2 Mio. Touristen rund 37 Mio. Pfund einnehmen – jedoch weitgehend kalt. Insgesamt sind mehr als **7000 Sichtungen** von Nessie aktenkundig, davon gelten rund 200 als ›absolut seriös‹. Amerikanische Forscher, die mit Sonargeräten im trüben Wasser zugange waren, orteten immerhin eine Anzahl großer, sich im See bewegender Objekte. Irgend etwas, davon sind die Bewohner rund um Loch Ness überzeugt, lebt also in den Tiefen.

An der A 82 erinnert nach wenigen Minuten Fahrt am linken Straßenrand ein *Cairn*, eine einfache Steinpyramide, an John Cobb, der bei einem Geschwindigkeitsrekordversuch für Wasserfahrzeuge 1952 auf dem Loch Ness zu Tode kam.

54 Fort Augustus

Commando War Memorial

Auf der einen Seite der Loch Ness, auf der anderen der Kaledonische Kanal – da haben Hobbykapitäne die Qual der Wahl.

Die Häuser des Weilers liegen zu beiden Seiten der fünf **Schleusentreppen** des **Caledonian Canal**, der dem Verlauf des Great Glen folgt und die Seen Loch Ness, Loch Oich und Loch Lochy verbindet. Thomas Telford ließ von 1803 bis 1822 an der 6 m tiefen und bis zu 30 m breiten künstlichen Wasserstraße graben, die Idee stammte von James Watt. Nach der Eröffnung des mit fast 30 Schleusen bestückten Kanals konnten die Fischer schnell, vor allem jedoch sicher vom Atlantik in die Nordsee wechseln und mussten nicht mehr den bis heute gefürchteten Pentland Firth zwischen dem schottischen Festland und den Orkney-Inseln passieren.

Heute dient der Kaledonische Kanal ausschließlich Freizeitkapitänen. Es ist recht kurzweilig, eine Zeitlang zuzusehen, wie die Segler und Kajütboote über die fünffache Schleusentreppe vom Niveau des Loch Ness abgesenkt werden.

Im Ort selbst erinnert nichts mehr an das einstmals namengebende Hauptquartier des General Wade, das 1715 hier erbaut, aber 1876 wieder abgerissen wurde.

Commando War Memorial

Von Fort Augustus verläuft die A 82 parallel zum Caledonian Canal, führt dann weiter entlang der Ufer von Loch Oich und von Loch Lochy in Richtung Süden. Kurz bevor das Dörfchen Spean Bridge erreicht ist, sieht man rechts der Straße das Commando War Memorial. Der Bildhauer Scott Sutherland schuf 1952 diese Skulpturengruppe, die eine Anzahl von Soldaten zeigt. Das Denkmal ehrt alle im Zweiten Weltkrieg gefallenen Kämpfer der besonders gefährlichen Kommando-Unternehmen wie etwa militärische Operationen hinter den feindlichen Linien.

Seit Jahrhunderten bewacht Urquhart Castle schon den Loch Ness

Hier, in dieser rauen Region, wurden die Männer auf ihre Himmelfahrtskommandos vorbereitet und trainiert.

Bei klarem Wetter hat man einen wunderbaren Blick auf eine Reihe von mitunter selbst im Sommer schneebedeckten Bergen. Darunter ist auch der **Ben Nevis**, mit 1343 m Großbritanniens höchster Berg.

i Praktische Hinweise

Information

TIC, The Car Park, Fort Augustus, Tel. 013 20/36 63 67, Fax 013 20/36 67 79

55 Fort William

Ben Nevis – Glenfinnan Monument

Betriebsames Basislager für die Besteigung des benachbarten Ben Nevis, des höchsten Berges Großbritanniens.

Durch die charmante Kleinstadt mit 9300 Einwohnern, das Zentrum des Bezirks Lochaber, flanieren in der Saison die Menschenmassen. Die *Festung*, die Wilhelm von Oranien im 17. Jh. hier bauen ließ, kontrollierte lange Zeit den Great Glen und gab nicht zuletzt dem Städtchen seinen Namen. Die geschichtsträchtige Militäranlage wurde allerdings im 19. Jh. abgerissen, um der Eisenbahn Platz zu machen. Wer mehr darüber erfahren möchte, sollte sich im **Highland Museum** (Juni–Sept. Mo–Sa 10–17, Juli–Aug. auch So 14–17, Okt.–Mai Mo–Sa 10–16 Uhr) am Cameron Square umsehen. Das kleine Ausstellungsgebäude beherbergt neben einer Gemäldesammlung Gegenstände zum Whiskybrauen und -trinken. Auch die Geschichte der Region und des Caledonian Canal kommt nicht zu kurz.

Fort William liegt, dem massiven Ben Nevis zu Füßen, schmuck am Ufer des Loch Linnhe

Die Hauptstraße von Fort William scheint wie gemacht für geruhsames Flanieren

Ben Nevis

Fort William liegt sehr attraktiv am Ufer der weit ins Land vorstoßenden Meeresbucht Loch Linnhe und wird vom gigantischen Felsmassiv des **Ben Nevis** überragt. Eine 15 km lange Stichstraße führt ausgeschildert von Fort William in das **Glen Nevis**, das Tal des Nevis, und hinein in eine grandiose, wunderschöne Landschaft. Von hier beginnt auch der Aufstieg auf Großbritanniens höchsten Berg, den 1343 m aufragenden Ben Nevis. Gipfelstürmer können bei der Jugendherberge starten oder einige Kilometer zuvor von einem Parkplatz aus. Hier befindet sich ein Visitor Centre zum Ben Nevis, an dem allmorgendlich ein Wetterbericht ausgehängt wird. Man sollte sich unbedingt an die Hinweise der Experten halten. Das Klima ist unberechenbar und kann jede Minute umschlagen. Auch im August sind Temperaturstürze mit Schneefällen auf dem Gipfel keine Seltenheit.

An das letzte, unglückliche Aufflammen schottischen Nationalismus' erinnert bei Loch Shiel das Glenfinnan Monument mit der Figur des ›unbekannten Highlanders‹

Glenfinnan Monument

Bei Corpach, nordwestlich von Fort William, geht der Loch Linnhe in den Loch Eil über. Dort kann man *Neptun's Staircase* besichtigen. Diesen poetischen Namen erhielten die acht Endschleusen des Kaledonischen Kanals, die auf einer Strecke von rund 500 m beachtliche 21 m Höhenunterschied überwinden. Die A 830 verläuft nun weiter entlang des Loch Eil. Ein Blick zurück zeigt den Ben Nevis mit seinem oft schneebedeckten Gipfel.

Am Nordende des langen, schmalen Loch Shiel, ragt das **Glenfinnan Monument** auf. Es erinnert an Bonnie Prince Charlie und die furchtbare Schlacht von Culloden. Auf der Plattform des runden Turms, zu der 61 Stufen hinaufführen, hält die Statue eines Kilt tragenden Highlanders Wacht. Wo heute das Denkmal steht, hatte der glücklose Stuart-Spross 1745 den schottischen Clan-Chefs eine flammende Rede in fließendem Gälisch gehalten und die Recken zum Aufstand gegen das ferne London angestachelt [s. S. 118].

i Praktische Hinweise

Information

TIC, Cameron Square, Fort William, Tel. 013 97/70 37 81, Fax 013 97/70 51 84

Hotels

******Alexandra Hotel**, The Parade, Fort William, Tel. 0 13 97/70 22 41, Fax 013 97/70 55 54, www.strathmorehotels.com. Großes Hotel mitten im Zentrum.

******Nevis Bank Hotel**, Belford Road, Fort William, Tel. 013 97/70 57 21, Fax 013 97/70 62 75, www.nevisbankhotel.co.uk. Freundliches, familiengeführtes Haus mit Zimmern und Apartments.

*****Imperial Hotel**, Fraser Square, Fort William, Tel. 013 97/70 20 40, Fax 013 97/70 62 77, www.bestwestern.co.uk. Haus im Regency Style, zentral gelegen.

Distillery Guest House, Nevis Bridge, Fort William, Tel. 013 97/70 01 03, Fax 013 97/70 29 80, disthouse@aol.com. Pension voller Atmosphäre in einer ehem. Whisky-Destille am Ortseingang.

Restaurants

Crannog, The Waterfront, Unterwater Centre, Fort William, Tel. 013 97/70 55 89. Hervorragende fangfrische Meerestiere.

Inverlochy Castle, Torlundy (5 km nördlich von Fort William an der A 82), Tel. 013 97/70 21 77. Bestes Restaurant im Umkreis mit ungewöhnlich umfangreicher Weinkarte.

Pub

Ben Nevis, High Street, Fort William. Sehr gemütliche Taverne in altem Gemäuer aus dem Jahr 1806.

56 Arisaig
Mallaig

Diese urwüchsige Küstenlandschaft war Schauplatz von wahren Tragödien und Hollywood-Dramen.

Weiter auf der A 830 in Richtung Nordwesten erreicht man die Küste der *Arisaig-Halbinsel*. Ab hier wird die Landschaft außerordentlich attraktiv, weit schweift der Blick über die raue, schärenzerklüftete Küste, über von Felsen gesäumte Sandstrände und weiter zu den vorgelagerten Inseln. Am Loch nam Uamh ist ein *Cairn* ausgeschildert. Die Steinpyramide bezeichnet den Fleck, von dem Bonnie Prince Charlie auf seiner Flucht zum französischen Segler ›L'Heureux‹ hinübergerudert wurde.

Wenige Minuten Fahrt noch und das Dörfchen **Arisaig** mit seinen 170 Einwohnern ist erreicht. Entlang der Uferfront reihen sich die weiß getünchten Häuschen aneinander, in denen gemütliche Pubs und gute Restaurants untergebracht sind. Vom Pier verkehren Fähren zu den Inneren-Hebriden-Inseln Rhum, Muck und Eigg.

Das folgende ›Nest‹ heißt Morar und zählt 290 Bewohner. Hier wurde der bekannte Film ›*Local Hero*‹ mit Burt Lancaster in der Hauptrolle gedreht. *Loch Morar*, ein schmaler, lang gestreckter, über 300 m tiefer See soll wie Loch Ness ebenfalls ein Ungeheuer beherbergen. Doch kann es das Morar-Ungetüm nicht annähernd mit der Popularität von Nessie

Vor Mallaig ernährt die Krabbenfischerei noch ihren Mann

aufnehmen und ist eigentlich nur in Schottland bekannt.

Mallaig

Entlang einer spektakulären **Küstenszenerie** ist es nicht mehr weit zum Hafenort *Mallaig*. 900 Seelen zählt das Dörfchen und fast alle Einwohner leben von der Fischerei. Mehrmals wöchentlich finden große Fischauktionen statt. Außerdem verkehrt von hier aus eine Autofähre zur Isle of Skye [Nr. 51] und macht dort am Armadale-Pier fest.

Wenn die Fähre noch nicht zum Auslaufen bereit ist, kann man sich die Zeit mit einem Besuch in der **Mallaig Marine World** vertreiben. Eine ganze Reihe von großen Aquarien stellt die Unterwasserwelt der Küste vor, und eine Ausstellung informiert über den geschäftigen Hafen.

i Praktische Hinweise

Information

TIC (am Hafen), Mallaig, Tel. 016 87/46 21 70, Fax 016 87/46 20 64

57 Loch Leven
Glen Coe – Portnacroish

Friedlich umgeben die hügeligen Ausläufer der Grampian Highlands heute den lieblichen See, doch früher floss hier viel Blut.

Von Fort William kommend, erreicht man auf der A 82 zuerst die Streusiedlung North Ballachulish. Hier führt eine Brücke über den noch schmalen Loch Leven. Wer Zeit hat, sollte vom eigentlichen Weiler Ballachulish hinter der Brücke den **Loch Leven** umrunden. Die Strecke ist unter landschaftlichen Gesichtspunkten außerordentlich attraktiv.

Glen Coe

Die A 82 verläuft südöstlich zum Dörfchen Glencoe und hinein in das düstere Glen Coe, das Tal zwischen dem 1022 m hohen Coe und dem etwas niedrigeren Buachaille Etive Mór. Wie kaum ein anderer Ort in Schottland steht das ›**Tal der Tränen**‹, wie es der Historiker Thomas Babington Macauly (1800–1859) nannte, für eine ungeheure **Mordtat** der Engländer. Anfang Februar 1692 führte ein englisches Regiment unter Campbell of Glenlyon den Befehl König William III. aus, an den im Tal lebenden MacDonalds ein Exempel für alle widerstrebenden Schotten zu statuieren und »keinen unter 70 am Leben zu lassen«. Die als Unterhändler aufgetretenen Engländer gehorchten wörtlich und richteten ein Blutbad an. Wer in die Nacht fliehen konnte, erfror draußen im tobenden Schneesturm. Rund 200 Menschen vom Clan der MacDonalds fanden damals den Tod.

Im Dorf Glencoe widmet sich ein kleines **Lokalmuseum** (Mai–Sept. Mo–Sa 10–17.30 Uhr) der Geschichte der Region. Im Glen Coe selbst informiert ein **Visitor Centre** (April–Aug. tgl. 9.30–17.30, Sept./Okt. tgl. 10–17, März tgl. 10–16, Nov.–Febr. Do–So 10–16 Uhr) eingehend über das Massaker, aber auch über Flora und Fauna der umliegenden Wälder. Diese eignen sich im Übrigen sehr gut für ausge-

Sonnyboy mit glücklosen Ambitionen

Zerstörte Hoffnungen – Bonnie Prince Charlie und Flora MacDonald

Ins Rampenlicht der Geschichte trat Karl Eduard Stuart, Sohn des ins Exil getriebenen Jakob VII., erst 1745. In diesem Jahr war der in Italien erzogene Prinz in der Meeresbucht Loch nam Uamh bei Arisaig heimlich an Land gegangen. Tatsächlich gelang es ihm, die schottischen Clans zum **Aufstand** gegen das verhasste London zu vereinen. ›Bonnie Prince Charlie‹, wie der schmucke Thronanwärter auch heute noch liebevoll genannt wird, konnte einige schnelle Siege gegen englische Truppen verbuchen. Doch dann führte der Herzog von Cumberland, Sohn von Georg II., Elitetruppen nach Norden. Am 16. April 1746 trafen die beiden Heere bei **Culloden** [s. S. 86] aufeinander und die Highlander wurden innerhalb von Minuten vollständig aufgerieben. Diese Katastrophe zerschlug das Clangefüge und zerstörte jegliche Hoffnung auf eine erneute Unabhängigkeit Schottlands.

Auf den Kopf des aufrührerischen Stuart-Sprosses hatte London eine Belohnung von 30 000 £ ausgesetzt. Trotzdem hatte er es bis South Uist auf den Äußeren Hebriden geschafft, wo ihn seine Verfolger dann aber einkreisten. In dieser mehr als kritischen Situation kam dem Prinzen die ortsansässige Pächterstochter **Flora MacDonald** zu Hilfe. Es gelang ihr mit Mut und Tatkraft, den verkleideten Bonnie Prince Charlie als ihre Kammerzofe Betty Burke durch die Linien der Engländer zu schmuggeln und ihm damit das Leben zu retten.

Wie sehr Flora für diese Tat geliebt und bewundert wurde, beweist die unübersehbare Menschenmenge, die 1790 dem Sarg der 68-Jährigen folgte, als sie auf dem Friedhof von Kilmuir auf Isle of Skye [Nr. 51] begraben wurde. Aus ganz Schottland waren die Leute zusammengeströmt, um ihr das letzte Geleit zu geben.

Bonnie Prince Charlie aber erreichte mit knapper Mühe die gleiche Stelle, wo er ein Jahr zuvor so hoffnungsfroh an Land gegangen war. Das französische Schiff ›L'Heureux‹ brachte ihn zurück auf den Kontinent, wo er 1788 in Rom verbittert starb.

Die vorgelagerte Insel Kerrera schützt den Hafen des freundlichen Ferienortes Oban

dehnte Spaziergänge und Bergwanderungen. Die Weiterfahrt von Ballachulish aus verläuft auf der A 828 entlang des Loch Linnhe.

Portnacroish

Beim Dorf Portnacroish passiert man das fotogen auf einer grünen Insel im See gelegene Tower House **Castle Stalker** (Juli/Aug. nach Vereinbarung Tel. 016 31/73 02 34). Kurz danach, wo die Straße eigentlich dem Loch Creran folgt, lohnt sich ein Abstecher in das Küstenörtchen **Port Appin** – jedenfalls für Feinschmecker (s. u.).

i Praktische Hinweise

Information

TIC, Ballachulish, Tel. 018 55/81 12 96, Fax 018 55/81 17 20

Hotels

Airds Hotel, Port Appin, Tel. 016 31/73 02 36, Fax 016 31/73 05 35, www.airds-hotel.com. Klein, fein und teuer: zwölf Doppelzimmer und ein exquisites Feinschmeckerrestaurant.

Pier House Hotel, Port Appin, Tel. 016 31/73 03 02, Fax 016 31/73 04 00, www.pierhousehotel.co.uk. Gleichfalls sehr gutes, aber deutlich preiswerteres Haus mit zwölf Doppelzimmern und ausgezeichneter Küche.

58 Oban

Umtriebiger Endpunkt der zerklüfteten Küstenlinie der Lorn Region und Tor zu den westlichen Inseln.

Der gälische Name bedeutet ›kleine Bucht‹ und um eine solche reihen sich die blitzblanken Häuser des Ortes. Seit mehr als zwei Jahrhunderten ist Oban einer der bedeutendsten schottischen Touristenorte. Das fanden 1858 schon Theodor Fontane (1819–1898) und rund 100 Jahre vorher Dr. Samuel Johnson (1709–1784), die jeweils Schwierigkeiten hatten, in dem umtriebigen Städtchen überhaupt eine Unterkunft zu finden.

Wichtigster Grund für die anhaltenden Besucherströme ist der **Fährverkehr** auf die westlichen Inseln, etwa nach Mull [Nr. 52] oder auch auf die Äußeren Hebriden.

Eine augenfällige Besonderheit in Oban ist hoch über dem Ort **MacCaig's Tower**, eine exzentrische architektonische Spielerei, ein *Folly*. Der Bankier John

Stewart MacCaig hatte ihn von 1897 bis 1900 in Form des römischen Kolosseums errichten lassen – wie es heißt, um die Arbeitslosigkeit in der Stadt zu bekämpfen. Das Monument blieb unvollendet, denn nach dem Tod des Menschenfreundes stoppten seine Erben sogleich die geldverschlingenden Arbeiten. Prachtvoll ist jedenfalls von dort oben der Blick auf die Stadt, den Hafen und die im Meer liegenden Inseln.

i Praktische Hinweise

Information

TIC, Argyll Square, Oban,
Tel. 01631/563122, Fax 01631/564273

Hotels

******Alexandra Hotel**, Corran Esplanade, Oban, Tel. 01631/562381, Fax 01631/564497. Ausgezeichnete Lage an der Meerpromenade.

******Caledonian Hotel**, Station Square, Oban, Tel. 01631/563133, Fax 01631/562998, www.freedomglen.co.uk. Schönes altes Haus oberhalb des Hafens.

******The Manor House**, Gallanach Road, Oban, Tel. 01631/562087, Fax 01631/563053, www.manorhouseoban.com. Edwardianisches Haus an der Oban Bay.

****Kelvin Hotel**, Shore Street, Oban, Tel. 01631/562150, Fax 01631/570400, www.kelvinhotel.co.uk. Kleines Hotel, fünf Minuten vom Zentrum entfernt.

Restaurant

Restaurant im Knipoch Hotel, Kilninver (Weiler 9 km südlich von Oban an der A 816), Tel. 01852/316251. Hervorragendes Haus.

Pub

The Oban Inn, Stafford Street, Oban. Gemütliche Kneipe aus dem 18. Jh.

59 Argyll Region

Kilmartin – Lochgilphead – Mull of Kintyre – Auchindrain

In der geschichtsträchtigen, fruchtbaren Region künden megalithische Steinsetzungen von grauer Vorzeit.

Der kürzeste Weg von Oban nach Inveraray führt auf der A 85 in Richtung Westen, dann hinter dem Weiler Lochawe auf der A 819 gen Süden zu. Etwas länger, aber sehr hübsch zu fahren ist die von Oban aus zunächst südlich am Ufer des Loch Feochan entlang verlaufende A 816.

Kilmartin

Ein erster Aufenthalt lohnt sich in Kilmartin. Auf dem Friedhof rund um die Dorfkirche finden sich viele bemerkenswerte *Grabdenkmäler* aus dem 14.–16. Jh. Die Steinschnitzereien zeigen keltisches Dekor sowie lebensgroße Statuen verschiedener Clan-Chefs der Malcolm-Familie in voller Rüstung. Im Innern der Kirche finden sich zwei **Hochkreuze**. Das eine aus dem 10. Jh. zeigt auf beiden Seiten Darstellungen Christi, das andere, jüngeren Datums, verschlungene keltische Ornamente.

TOP TIPP Eine der bedeutendsten prähistorischen Regionen Schottlands ist das **Tal von Kilmartin**. Südlich des Dorfes erstreckt sich der so genannte *›gradlinige Friedhof‹*, wo sich auf einer Strecke von 3 km mehrere **Hügelgräber** aneinander reihen. Den besten Blick auf das Areal hat der Besucher vom bronzezeitlichen *Mid Cairn*. Die älteste Anlage ist der aus neolithischer Zeit um 3000 v. Chr. stammende *South Cairn*. Nahe beim Mid Cairn findet man in einem Wäldchen den *Templewood Steinkreis* und nicht weit entfernt die reich verzierten *Nether-Largie-Steinsetzungen* mit über 3 m hohen Monolithen.

Kurz hinter Kilmartin zweigt rechts die B 8025 von der Hauptstrecke ab. Die einspurige Straße überquert auf einer sehr schmalen Drehbrücke (die Strecke ist deshalb nicht geeignet für große Wohnmobile) den Crinan-Kanal und führt entlang dieser künstlichen Wasserstraße zum Weiler **Crinan**. Die beiden Restaurants im Crinan Hotel (unten das Westward Restaurant, oben das Lock 16) sind weithin bekannt für exzellente Meeresfrüchte; täglich liefern die Fischer ihren frischen Fang an die Küchenchefs. Beim Essen hat man einen guten Blick auf die Schleuse Nr. 15, die den Hobbykapitänen der Segel- und Motorjachten den Weg in den Atlantik freigibt.

Lochgilphead

Von Crinan führt die B 841 entlang des Kanals über Cairnbaarn nach Lochgilphead, an das andere Ende der 1801 eingeweihten künstlichen Wasserstraße. Das Örtchen, das seinen Namen der kleinen Meeresbucht Loch Gilp verdankt, hat nicht viel zu bieten. In der näheren Um-

Außerordentlich reich ist das Tal von Kilmartin an prähistorischen Steinsetzungen

gebung jedoch finden Wanderer und Naturfreunde eine ganze Anzahl keltischer *Steinsetzungen* und megalithischer *Hügelgräber*. Bei Lochgilphead kommt man wieder auf die Hauptroute, die nun dem Verlauf der Küste des Loch Fyne folgt.

Mull of Kintyre

Zur Mull of Kintyre zweigt man bei Lochgilphead ab. Der Name leitet sich vom gälischen *Ceann Tire* ab, was so viel wie ›Kopf‹ oder ›Spitze des Landes‹ bedeutet. Die lang gestreckte Halbinsel kann man auf einer sehr malerischen, gefällereichen Straße umrunden. Hier besaß Paul McCartney von den ›Beatles‹ mal einen Bauernhof. Seine Erfahrungen mit der einsamen Gegend hat er in dem gefühlvollen Lied ›Mull of Kintyre‹ verarbeitet.

Noch ist das Rätsel um die vorgeschichtlichen ›Cup-and-ring‹-Ritzungen ungelöst

Auchindrain

Zurück auf der Straße nach Inveraray kommt man bald zu dem Weiler Auchindrain. Hier informiert ein interessantes **Open Air Museum** (April–Sept. tgl. 10–17 Uhr) über die hiesigen Lebensumstände, landwirtschaftliche Anbaumethoden sowie Hofbewirtschaftung früherer Tage.

i Praktische Hinweise

Information

TIC, Lochnell Street, Lochgilphead, Tel. 015 46/60 23 44

TIC, Mackinnon House, The Pier, Campbeltown, Mull of Kintyre, Tel. 015 86/20 06 09, Fax 015 86/55 32 91

60 Inveraray

Pittoresker Ausgangspunkt für ausgedehnte Wanderungen in die waldreiche Gegend um den Loch Fyne.

Das hübsche und atmosphärereiche 400-Seelen-Dorf am Ufer des Loch Fyne wurde im 18. Jh. planvoll angelegt.

Die einzige Straße des Örtchens ist mit netten weißen georgianischen Häusern bestanden. Die linke Straßenseite heißt Main Street West, die rechte ist die Main Street East. Schnurgerade läuft sie auf die im neoklassizistischen Stil erbaute **Dorfkirche** zu, wo sie sich gabelt und das Gotteshaus umrundet. Ursprünglich war die Kirche in zwei Hälften geteilt, der südliche Teil blieb den gälischsprachigen Mitgliedern der Gemeinde vorbehalten, den nördlichen Teil besetzten die englischsprachigen Bewohner.

Nebenan kann das georgianische **Gerichtsgebäude** (April–Okt. tgl. 9.30–18, sonst 10–17 Uhr) mit angeschlossenem Gefängnis besichtigt werden. Eine Ausstellung informiert über die Haftbedingungen während der vergangenen Jahrhunderte. Im runden Gerichtssaal geben lebensgroße Puppen mit Stimmen vom Tonband einen Eindruck von den Verhandlungen, die einst hier stattfanden.

Am Pier von Inveraray liegt der Segler Arctic Pinguin und darauf informiert ein hochinteressantes **Maritime Museum** (April–Sept. tgl. 10–18, sonst bis 17 Uhr) über viele Aspekte der Seefahrt.

Etwas außerhalb des eigentlichen Dörfchens erhebt sich das prachtvolle, den Loire-Schlössern nachempfundene **Inveraray Castle** (Juni–Sept. Mo–Sa 10–17.45, So 13–17.45, April/Mai/Okt. Mo–Do/Sa 10–13 und 14–17.45, So 13–17.45 Uhr). Ab 1743 baute Robert Morris für das Clan-Oberhaupt Archibald Campbell, den 3. Earl of Argyll, diese Residenz im Stil des *Gothic Revival*. Der quadratische Bau mit seinen regelmäßig angeordneten Bogenfenstern wird an den vier Ecken von je einem runden Turm mit spitzen hohen Kegelhelmen abgeschlossen. Überragt wird dieses martialische, jedoch auch eindrucksvolle Ensemble von einem zinnengekrönten breiten Zentralturm, dessen hohe Spitzbogenfenster weite Blicke über die Landschaft zulassen. Im Innern sind *Dining Room, Tapestry Drawing Room*, Salon und die große Halle mit der umfangreichen Waffensammlung die prachtvollsten Räume des Schlosses.

Der Liebreiz von Inveraray Castle inspirierte Walter Scott zu mehreren Romanen

i Praktische Hinweise

Information

TIC, Front Street, Inveraray,
Tel. 014 99/30 20 63, Fax 014 99/30 22 69

61 Loch Lomond

Eingerahmt von sanften Hügeln liegt der viel besungene, tiefblaue See wie ein Juwel – ein Paradies für Wasserfreunde.

Am östlichen Ende des Loch Fyne biegt die A 83 bei Cairndow ins Landesinnere, wo sie links vom 1001 m hohen Beinn Ime und rechts vom dunklen **Argyll Forest Park** eingerahmt wird. Es geht über den 262 m hohen Pass ›*Rest and be Thankful*‹, der seinem Namen nach in früheren Zeiten recht anstrengend zu passieren gewesen sein muss, nach Tarbet am Nordufer des **Loch Lomond**.

Britanniens größter Binnensee – 33 km lang, an seiner breitesten Stelle 8 km breit und 215 m tief – ist fast so bekannt wie Loch Ness und in Schottland besingt man begeistert die »*Bonnie bonnie banks of Loch Lomond*«. Allerdings muss man zugeben, dass längst nicht mehr alles so ›bonnie‹ (hübsch) ist am See. Intensive Wassersportvergnügungen, wie Speedboat-Fahren und Windsurfen, haben die majestätische Ruhe früherer Zeiten weitgehend abgelöst. Trotzdem hat sich die ›**Queen of Scottish Lochs**‹ noch hinreichend Liebreiz bewahrt und auch die bekannten Angelgründe sind ergiebig wie eh und je.

Ein Wanderparadies ist die Umgebung des Loch Lomond

Am Westufer verläuft die A 82 und während der Fahrt hat man schöne Ausblicke auf den See mit seinen bewaldeten Inseln. Das Ostufer ist recht ruhig. Dort führen Wanderpfade durch den dunklen **Queen Elizabeth Forest Park** und hinauf auf den **Ben Lomond**, den südlichsten der schottischen Munros [s. S. 101]. Der Forest Park umfasst knapp über 30 000 ha und wird von der *Forestry Commission* unterhalten. Scheues Rotwild äst auf den Lichtungen der dichten Wälder und auch wilde Ziegen tummeln sich in dem weitgehend menschenleeren Gebiet.

Am Südende des Loch Lomond schmiegt sich das Örtchen **Balloch** rund um das Ufer – mit rund 5000 Einwohnern die Metropole des Sees. Von hier aus kann der Besucher verschiedene Bootstouren unternehmen oder auch eine der 33 Inseln im Loch Lomond ansteuern. *Inchmurrin* ist die größte von ihnen und bewahrt die Ruinen einer Festung des Lennox-Clans.

Das charmanteste Örtchen am See ist zweifellos das kleine **Luss** am Westufer, in dessen pittoresken Straßen im Sommer allerdings Menschenmassen flanieren und keinen rechten Freizeitspaß aufkommen lassen. Die Popularität des Weilers hat neben der landschaftlichen Idylle einen weiteren Grund: In Luss wurde die unerhört beliebte schottische Seifenoper ›*Take the High Road*‹ gedreht.

i Praktische Hinweise

Information

TIC, Balloch Road, Balloch, Tel. 013 89/75 35 33

TIC, Main Street,Tarbet, Tel. 013 01/70 22 60

62 The Trossachs

Loch Katrine – Aberfoyle – Callander

Die majestätische Schönheit der dichten Wälder und die stille Größe des Loch Katrine machen diesen urwüchsigen Landstrich einzigartig.

Top Tipp

Im Norden des Queen Elizabeth Forest Parks schließen sich die Hügel der Trossachs mit dem **Loch Katrine**, dem viel besungenen, an.

Hier ist man mitten im landschaftlich attraktivsten Teil des hohen Nordens. In dieser Gegend zeigt sich Schottland von seiner schönsten Seite und präsentiert dem Besucher eine grandiose, wildromantische Naturkulisse, wie sie sich der hoffnungsloseste Schwärmer nicht anrührender ausmalen könnte. 1803 schrieb Dorothy Wordsworth (1771–1855), die Schwester von William Wordsworth, am Ufer des Loch Katrine: »Hier war es absolut einsam und alles, was wir erblickten, waren Lieblichkeit und Schönheit in Perfektion. (...) An diesem Ort würde sich niemals ein Gedanke an Trübsal und Trostlosigkeit einschleichen können.«

Vorbei war es mit dieser Ruhe spätestens, als Sir Walter Scott im Jahr 1810 seine Versromanze ›*The Lady of the Lake*‹ veröffentlichte [s. S. 22]. Die ersten 2000 Exemplare wurden den Buchhändlern im wahrsten Sinne des Wortes aus den Händen gerissen. Innerhalb kürzester Zeit wollte eine getreue Fan-Gemeinde aus ganz Europa die Gegend sehen und erleben, in der ›Das Fräulein vom See‹ angesiedelt ist.

Trossachs bedeutet ›hartes, raues Land‹ und Anfang des 19. Jh. war die Region noch sehr unzugänglich. Der Clan der MacGregors herrschte in den einsamen, dicht bewaldeten Tälern und Schluchten und wusste sein Territorium zu verteidigen. Das gab einen idealen Handlungsrahmen für den Historienerzähler Scott: Seine *Lady* trägt den Namen Ellen Douglas. Mit ihrem Vater William flieht sie vor den Häschern des englischen Königs. Roderick Dhu, der Clan-Chef der MacGregors, versteckt die beiden auf Ellen's Island mitten im Loch Katrine. Gemäß der realen Vorlage kommt es auch bei Scott zu vielen Verwicklungen und Kämpfen, letztendlich aber zu einem Happy End.

Bei Trossachs denkt man an einen weiteren Namen, der zu dieser Gegend gehört: **Rob Roy**, der schottische Robin Hood, ging hier den Reichen ans Leder und schützte die Armen. Auf ein solches Romanthema verzichtete Sir Walter Scott natürlich nicht und ab 1818 sorgte sein Werk ›Rob Roy‹ für noch mehr Besucher wie heutzutage der gleichnamige Kinofilm von 1995.

In Erinnerung an den großen Romancier heißt noch heute das **Dampfschiff** ›Sir Walter Scott‹, das in der Saison zwei- bis dreimal täglich von Trossachs Pier aus über den Loch Katrine fährt. Die Leistung ist erstaunlich, denn immerhin trat der Ausflugsdampfer im Jahr 1900 seinen Dienst an.

Obwohl der Besucherandrang vor allem während der Saison Mai bis September enorm ist, dient der so romantisch daliegende, von bewaldeten Bergen eingefasste Loch Katrine mittlerweile wichtigeren Zwecken als nur dem Tourismus: Aus dem See beziehen die Bewohner von Glasgow ihr Trinkwasser. Da der See also ein **Wasserschutzgebiet** ist, erfreuen sich die Trossachs einer weitgehend unberührten Natur: Schwimmen, Surfen oder Bootfahren sind auf dem See verboten. In den ökologisch sensiblen Uferbereichen brüten Wasservögel aller Art, und man hört Kuckuck und Baumspecht. Trotz der vielen Touristen, von denen sich die weitaus meisten an wenigen Ballungszentren drängeln, ist der naturverbundene Besucher nach wenigen Minuten strammen Schritts in der Einsamkeit der Bergwälder und kann sich mit ein wenig Fantasie ausmalen, wie es war, als der

Rob Roy – Held oder Schurke?

Durch den Hollywood-Film ›Rob Roy‹ wurde der schottische Robin Hood auch bei uns einer größeren Öffentlichkeit bekannt. Geboren wurde Rob Roy – gälisch für ›Roter Robert‹ – 1671 in den Clan der MacGregors. Als **Viehhändler** machte er Anfang des 18. Jh. bankrott und floh vor seinen Gläubigern in die Einsamkeit der Berge und Täler. Der Duke of Montrose konfiszierte daraufhin seinen Hof, vertrieb seine Familie und erklärte Rob Roy für **vogelfrei**. Geächtet, wie er nun war, schlug sich der schottische Michael Kohlhaas marodierend durch die Region, raubte reiche Händler aus, erpresste Schutzgelder von den wohlhabenden Züchtern und schlug die verhassten Repräsentanten der Obrigkeit, wo er sie traf. Mit seinen **spektakulären Aktionen** wurde der Rote Robert zur Symbolfigur für die Armen. Dreimal konnten ihn die Schergen festnehmen, doch jedesmal gelang dem cleveren Schotten die Flucht. So erfolgreich war Rob Roy, dass er nicht am Galgen sein Ende fand, sondern ganz friedlich 1734 im Bett starb. Begraben liegt er zusammen mit seiner Frau und zweien seiner vier Söhne auf dem Kirchhof des Weilers Balquhidder, einige Kilometer nördlich der Trossachs.

Die Trossachs um den Loch Katrine stehen nicht umsonst in märchenhaftem Ruf

Clan der MacGregors noch in den Wäldern herrschte und Rob Roy die Söldner des Königs herausforderte.

Aberfoyle

Die beiden Hauptorte der Trossach-Region sind Aberfoyle und Callander. Vom Loch Katrine Pier am östlichen Ufer des Sees verläuft eine Straße durch den Queen Elizabeth Forest Park gen Süden auf Aberfoyle zu. Kurz vor dem kleinen Ort informiert ein **Forest Park Visitor Centre** (Ostern–Okt. tgl. 10–18 Uhr) über Flora und Fauna der Region.

Das kleine Aberfoyle ist während der Saison von Besuchern überlaufen und verfügt deshalb über eine vollständige touristische Infrastruktur; fast alle 600 Einwohner leben davon. 6 km westlich liegt der runde **Lake of Menteith**, der einzige schottische *Lake* – alle anderen Seen heißen ja bekanntlich *Loch*. Doch geht die vermeintlich englische Bezeichnung nicht auf den Begriff ›See‹ zurück, sondern auf das schottische Wort *Laigh*, was so viel wie ›tief liegender Grund‹ bedeutet und die gesamte Region bezeichnet. Inmitten des Lake of Menteith liegen auf einer seiner drei Inseln die Ruinen von **Inchmahone Priory**, einer Augustinergründung aus dem Jahre 1238. Ein kleines Boot bringt interessierte Besucher auf das Eiland.

Callander

Die zweite Trossachs-Metropole zählt 1700 Einwohner, liegt am friedlichen River Teith und kann ebenfalls als Standquartier für die Region empfohlen werden.

Das lokale **Rob Roy & Trossachs Visitor Centre** (Juni–Sept. tgl. 10–18, März–Mai/Okt. 10–17, Nov.–Febr. 11–16 Uhr) informiert über das abenteuerliche Leben des ›edlen Räubers‹, gibt aber auch Auskünfte über ganz praktische Urlaubsbelange wie Bettenreservierung oder Fahrradverleih.

i Praktische Hinweise

Information

TIC, Ancaster Square (im Rob Roy Centre), Callander, Tel. 018 77/33 03 42

TIC, Trossachs Discovery Centre, Main Street, Aberfoyle, Tel. 018 77/38 23 52

Hotels

*****Bridgend House Hotel**, Bridgend, Callander, Tel. 018 77/33 01 30, Fax 018 77/33 15 12, www.bridgendhotel.co.uk. Fami-liengeführtes, charaktervolles Haus aus dem 18. Jh.

*** **Lubnaig Hotel**, Leny Feus, Callander, Tel./Fax 018 77/33 03 76, www.lubnaighotel.co.uk. Ruhige, freundliche Herberge in einem großen Garten.

BAYVIEW STORES
LICENSED GROCER
Wall's
Ice Cream
QUALITY
MORNING
GLASGOW
HERALD

The Ross
The Ross
The Ross

Schottland aktuell A bis Z

Vor Reiseantritt

ADAC Info-Service:
Tel. 018 05/10 11 12, Fax 018 05/30 29 28
(0,12 €/Min.)

ADAC im Internet:
www.adac.de
www.adac.de/reisefuehrer

Schottland im Internet:
www.visitbritain.com
www.visitscotland.com

Informationen erteilt die Britische Zentrale für Tourismus:

Deutschland

Visit Britain,
Urlaubsservice Großbritannien,
Hackescher Markt 1, 10178 Berlin,
Tel. 018 01/46 86 42, Fax 030/31 57 19 10,
gb-info@visitbritain.org

Österreich

Britain Visitor Centre,
c/o British Council, Siebensterngasse 21, 1070 Wien,
Tel. 08 00/15 01 70, Fax 01/5 33 26 16 85,
a-info@visitbritain.org

Schweiz

Visit Britain, (kein Publikumsverkehr)
Tel. 08 44/00 70 07,
Fax 0049/30/31 57 19 10,
ch-info@visitbritain.org

Allgemeine Informationen

Reisedokumente

Für die Einreise von Deutschen, Österreichern und Schweizern reicht der *Personalausweis* aus. Für Kinder unter 16 Jahren werden der Kinderausweis oder der Eintrag im Pass eines Elternteils anerkannt.

Kfz-Papiere

Wer mit dem eigenen Pkw unterwegs ist, sollte den *Führerschein*, den *Fahrzeugschein* und die *Internationale Grüne Versicherungskarte* mit sich führen.

Krankenversicherung

Vor Reiseantritt *Auslandskrankenscheine* der Krankenkassen besorgen. Es ist ratsam, zusätzlich eine *Auslandskrankenversicherung* abzuschließen.

Jedes *Tourist Information Office* besitzt Listen niedergelassener Ärzte aller Fachrichtungen. Zahnärzte heißen *Dentists*, freie Praxen firmieren unter der Bezeichnung *Surgeon*, Apotheken nennt man *Dispensing Chemists* oder *Pharmacies*, die oft in Drogerien integriert sind und bei verschreibungspflichtigen Medikamenten eine *Prescription* verlangen.

◁ Schottland hat viele Gesichter: kleine Lebensmittelläden auf dem Land, Fischerboote im Hafen, selbstbewusst defilierende Paradeschotten in Nationaltracht, aber auch rockige Freiluftkonzerte und genussreiche Sonnenbäder vor historischen Gemäuern

Hund und Katze

Für Hunde und Katzen ist bei Reisen innerhalb der EU ein gültiger, vom Tierarzt ausgestellter *EU Heimtierausweis* vorgeschrieben, ebenso Kennzeichnung durch Mikrochip oder Tätowierung. Bis zum Jahr 2011 gelten Übergangsregelungen. Für Großbritannien gelten aber weiterhin strengere Vorschriften: Für die nötige Tollwutschutzimpfung müssen inkl. Kontrolltest etwa 7 Monate Vorbereitungszeit einkalkuliert werden. 24–48 Std. vor Einreise muss auf Bandwürmer und Zecken untersucht werden, danach muss ein Amtsarzt ein Gesundheitszeugnis ausstellen. Ansonsten benötigt das Tier eine Einreisegenehmigung und muss 6 Monate in Quarantäne. Die Einfuhr von Kampfhunden ist verboten. Nur bestimmte Einreisewege sind erlaubt (Infos beim ADAC). Aktuelle Infos auch unter: www.britischebotschaft.de/de/embassy/agriculture/pets.htm

Zollbestimmungen

Abgabenfreie Richtmengen für Privatreisende pro Person (EU-Bürger): 800 Zigaretten, 400 Zigarillos, 200 Zigarren, 1 kg Tabak, 10 l Spirituosen, 20 l Zwischenerzeugnisse (z. B. Likör), 90 l Wein (davon

höchstens 60 l Schaumwein) sowie 110 l Bier. Bei Einreise aus Nicht-EU-Ländern (z. B. Schweiz) gelten folgende Obergrenzen: 200 Zigaretten, 100 Zigarillos, 50 Zigarren, 250 g Tabak, 1 l Spirituosen.
Bei der Rückreise zu beachten ist die für die EU gültige Einfuhrgrenze für zollfreie Waren in Höhe von 175 €.

Geld

Gesetzliches Zahlungsmittel ist das Englische Pfund (£); die Einfuhr ist in unbegrenzter Menge möglich. Das Englische Pfund hat 100 Pence. Es gibt Münzen im Wert von 1, 2, 5, 10, 20 und 50 Pence sowie eine 1 Pfund-Münze. Scheine gibt es zu 1, 5, 10, 20 und 50 Pfund. Schottland bzw. die *Bank of Scotland* hat das Recht, eigene Banknoten zu drucken, die den gleichen Umrechnungskurs haben wie das Englische Pfund. Weit verbreitet sind *Kreditkarten*. An zahlreichen britischen Bankautomaten kann man mit der EC-Karte rund um die Uhr Bargeld abheben.

Tourismusamt im Land

Scottish Tourist Board, 23 Ravelston Terrace, Edinburgh EH 4 3 EU, Tel. 01 31/3 32 24 33, 01 31/Fax 01 31/3 43 15 13, www.visitscotland.com

In allen größeren oder von Touristen frequentierten Orten gibt es zudem ein *Tourist Information Centre* (TIC) [s. Praktische Hinweise]. Einige TICs in kleineren Orten sind während der Wintermonate geschlossen.

Notrufnummern und Adressen

Polizei, Unfallrettung: Tel. 112 (auch im Mobilnetz)

ADAC-Notrufzentrale München:
Tel. 00 49/89/22 22 22 (rund um die Uhr)

ADAC-Ambulanzdienst München:
Tel. 00 49/89/76 76 76 (rund um die Uhr)

Österreichischer Automobil Motorrad und Touring Club
ÖAMTC Schutzbrief-Nothilfe:
Tel. 00 43/(0)1/2 51 20 00

Touring Club Schweiz
TCS Zentrale Hilfsstelle:
Tel. 00 41/(0)2 24 17 22 20

Pannendienst der Automobile Association (AA): Tel. 08 00/88 77 66 (auch im Mobilnetz)

Pannendienst des Royal Automobile Club (RAC): Tel. 08 00/82 82 82 (auch im Mobilnetz)

Diplomatische Vertretungen

Deutsches Konsulat
16 Eglington Crescent, Edinburgh,
Tel. 01 31/3 37 23 23, Fax 01 31/3 46 15 78,
www.edinburgh.diplo.de

Österreichisches Konsulat
9 Howard Place, Edinburgh,
Tel. 01 31/5 58 19 55, Fax 01 31/5 58 18 02

Schweizerisches Konsulat
Portland Street, Manchester,
Tel. 01 61/2 36 29 33, Fax 01 61/2 36 46 89

Besondere Verkehrsbestimmungen

In Schottland herrscht wie in ganz Großbritannien **Linksverkehr**.

Es gelten die folgenden **Höchstgeschwindigkeiten** für Pkw, Wohnmobile und Motorräder: in Ortschaften 30 mph (miles per hour, 48 km/h), auf Landstraßen 60 mph (96 km/h) und auf Autobahnen 70 mph (112 km/h). Pkw mit Anhänger dürfen auf Landstraßen höchstens 80 km/h, auf Autobahnen höchstens 96 km/h fahren. Die *Roundabouts*, Kreisverkehre, ersetzen in ganz Großbritannien Kreuzungen; die Autos im Kreisverkehr haben Vorfahrt.

Vor allem im hohen Norden Schottlands gibt es immer noch viele *Single Track Roads*. Das sind einspurige Straßen, die in regelmäßigen Abständen *Passing Places*, Ausbuchtungen, besitzen, in denen man den Gegenverkehr vorbei oder schnellere Fahrzeuge überholen lässt. In den Ortschaften weist eine gelbe oder rote Linie entlang der Bordsteinränder auf ein Parkverbot hin, zwei parallel laufende gelbe Linien zeigen das absolute Halteverbot an. Die **Promillegrenze** liegt bei 0,8.

Behinderte

Behinderte Besucher können sich bei der Organisation RADAR (Royal Association for Disability and Rehabilitation), 12 City Forum, 250 City Street, London EC1 8AF, Tel. 00 44/20/72 50 32 22, Fax 00 44/20/72 50 02 12, www.radar.org.uk informieren. RADAR ist eine Organisation von und für behinderte Menschen und berät in allen Fragen zu Mobilität und Freizeit.

Auskünfte erteilt auch *Holiday Care*, Sunley House, 4 Bedford Park, Croydon, Surrey, CR0 2AP, Tel. 08 45/1 24 99 71, Fax 08 45/1 24 99 72, www.holidaycare.org.uk.

Der *National Trust for Scotland* listet in seinem Handbuch, in dem all die Besitzungen der Stiftung verzeichnet sind, auf, ob und wie Behinderte die jeweilige Sehenswürdigkeit besuchen können. Das Festspielverzeichnis *Events in Scotland*, das alle Veranstaltungen vom Eisschießen bis zu den über 100 Highland Games mit genauem Datum und Festspielort beschreibt, enthält ebenso Informationen für Behinderte.

Maße und Gewichte

Obwohl in Großbritannien 1971 das Dezimalsystem eingeführt wurde, sind viele der traditionellen Maß- und Gewichtseinheiten heute noch gebräuchlich:

1 inch (in)	= 2,54 cm
1 foot (ft)	= 12 inches = 30,48 cm
1 yard (yd)	= 3 feet = 91,44 cm
1 mile (mi)	= 1,609 km
1 ounce (oz)	= 28,35 g
1 pound (lb)	= 16 ounces = 543,59 g
1 pint (pt)	= 0,568 l
1 gallon	= 4,54 l

Stromspannung

Die Netzspannung ist in allen Ländern der EU standardisiert worden und liegt bei durchschnittlich 230 Volt. Allerdings benötigt man für britische Steckdosen einen Adapter. Dieser ist bei den ADAC-Geschäftsstellen oder vor Ort in Elektrofachgeschäften erhältlich.

Zeit

In Großbritannien gilt die **Greenwich Mean Time**: Es ist also stets eine Stunde früher als auf dem Kontinent. Winter- und Sommerzeit werden am selben Tag wie auf dem europäischen Festland umgestellt. Im Alltag werden die Stunden nur bis zur zwölften gezählt, man unterscheidet also zwischen **a.m.** (ante meridiem, vormittags) und **p.m.** (post meridiem, nachmittags).

Anreise

Auto

Umfangreiches **Informations- und Kartenmaterial** können Mitglieder des ADAC in Deutschland kostenlos anfordern unter Tel. 018 05/10 11 12 (0,12 €/Min.), www.adac.de/karten .

Vom Kontinent führt der **Euro Tunnel** unter dem Ärmelkanal auf die britische Insel. Das eigene Auto wird dabei im Huckepack-Verfahren auf dem *Le Shuttle* genannten Zug in nur 35 Min. durch die Meerenge gebracht.

Zuverlässiger Fährverkehr ist das A und O zwischen den vielen schottischen Inseln

Mit einem Tag Fahrt muss man rechnen, wenn man gleich anschließend auf der M 20, später der M 6 über Carlisle oder der A 1 über Newcastle durch Südengland den Norden ansteuert.

An allen Tankstellen in Schottland gibt es Diesel *(Derv)*, bleifreies *(unleaded)* und verbleites *(leaded)* Benzin. Außerdem wird oft Flüssiggas angeboten: LPG *(Liquid Petroleum Gas)*. Nach wie vor sind in Schottland sonntags viele Tankstellen geschlossen. Man sollte sicherheitshalber entsprechend vorsorgen.

Bahn

Die Bahnverbindungen von Deutschland aus enden in holländischen, belgischen oder französischen Küstenstaädten wie Hoek van Holland, Ostende oder Le Havre, wo man sich auf die Fähren nach Großbritannien einschiffen kann.

Bequemer ist der **Eurostar**, ein Hochgeschwindigkeitszug, der durch den Kanaltunnel fährt. Man kann in Paris, Brüssel, Lille und Calais zusteigen. In London hält der Zug an *Waterloo Station*. Von dort geht es mit der U-Bahn (*Nothern Line* und *Victoria Line* Richtung Norden) zur *Kings Cross Station*, von der im Stundentakt Intercity-Züge nach Edinburgh abfahren. Intercity-Züge nach Glasgow verkehren im Stundentakt von *Euston Station* (*Northern Line,* ohne Umsteigen). Der so genannte *Highland Chieftrain* fährt von London über Edinburgh und Dundee nach Aberdeen oder über Perth nach Inverness. Der *Flying Dutchman* ist ein Schlafwagenzug, der London abends verlässt und früh am nächsten Morgen in Glasgow einläuft.

Fahrplanauskunft

Deutschland
Deutsche Bahn,
Tel. 118 61 (gebührenpflichtig),
Tel. 08 00/1 50 70 90 (sprachgesteuert),
www.bahn.de

Deutsche Bahn AutoZug,
Tel. 018 05/24 12 24,
www.autozug.de

Österreich
Österreichische Bundesbahn,
Tel. 05 17 17, www.oebb.at

Schweiz
Schweizerische Bundesbahnen,
Tel. 09 00 30 03 00, www.sbb.ch

Weitere Auskünfte im Internet:
www.britrail.net, www.eurostar.com

Bus

Die Busse der **Deutschen Touring AG**, Am Römerhof 17, 60486 Frankfurt/M., Tel. 069/79 03 50, Fax 069/7 90 32 19, www.deutsche-touring.com, fahren von mehreren deutschen Großstädten die britische Hauptstadt London an. Von der *Victoria Coach Station* (hinter dem Victoria-Bahnhof) geht es im Stundentakt weiter mit den Bussen der schottischen Firma **Scottish Citylink** [s. S. 135] sowohl nach Glasgow als auch nach Edinburgh. Busfahrten in Großbritannien sind weitaus billiger als Zugfahrten mit dem Intercity, dauern allerdings auch länger.

Fährverkehr

Von Zeebrügge/Belgien aus gibt es mit *Superfast Ferries* (www.superfast. com) eine Direktverbindung nach Schottland zum Hafenort Rosyth bei Edinburgh. *DFDS Seaways* (www.dfdsseaways.de) hat eine Verbindung von Ijmuiden in Holland nach Newcastle in Nordengland, das nur wenige Kilometer von der schottischen Grenze entfernt liegt. Fähren nach Südengland verkehren zwischen Calais–Dover, Boulogne–Dover, Dünkirchen–Dover, Caen–Portsmouth, St. Malo–Poole, Roscoff–Plymouth, Dieppe–Newhaven. Genaue Auskünfte über den Zeitplan der diversen Fährgesellschaften gibt jedes Reisebüro.

Flugzeug

Die Lufthansa (www.lufthansa.com) fliegt täglich nur von Frankfurt aus wenige Male direkt nach Edinburgh, die meisten Flüge gehen über London oder Manchaster. Letzteres gilt auch für Flüge von Frankfurt nach Glasgow sowie von München oder Düsseldorf nach Glasgow oder Edinburgh. Auch wer mit British Airways (www.ba.com) von deutschen Flughäfen nach Edinburgh oder Glasgow möchte, muss umsteigen. Die Billigflieger der Linien Ryanair und Germanwings fliegen direkt von Frankfurt/Hahn nach Glasgow bzw. von Köln/Bonn nach Edinburgh.

Bank, Post, Telefon

Bank

Banken sind Mo–Fr 9–15.30/16 Uhr geöffnet. Eine erfreuliche Ausnahme ist die *Royal Bank of Scotland*, die erst um 16.45 Uhr ihre Schalter für die Kunden schließt. An Donnerstagen haben alle Institute ihren Service bis 17.30 Uhr ausgedehnt.

Post

Die Öffnungszeiten der Postämter sind Mo–Fr 9–17.30 und Sa 9–12.30 Uhr. In den winzigen Weilern der Highlands ist es mitunter möglich, dass die Postämter im einzigen Lebensmittelgeschäft oder in einem Holzschuppen hinter dem Haus des Postbeamten untergebracht sind.

Telefon

Internationale Vorwahlen:
Großbritannien 00 44
Deutschland 00 49
Österreich 00 43
Schweiz 00 41
(Die folgende Null der Ortsnetzkennzahl entfällt.)

Gut über das Land verbreitet sind die **Telefonzellen** der *British Telecom*. Man kann in britischen Telefonzellen auch angerufen werden, die Nummer ist gut sichtbar am Gerät angebracht. Immer mehr öffentliche Fernsprecher funktionieren jedoch nur noch mit einer vorab gekauften Telefonkarte. Die *Phonecards* sind in allen *Tourist Information Centres*, bei der Post und in vielen Geschäften erhältlich.

Die Benutzung handelsüblicher GSM-**Mobiltelefone** aller deutschen Netzbetreiber ist in Schottland möglich. Man sollte sich jedoch vor Reiseantritt über das günstigste Netz vor Ort informieren und das eigene Mobiltelefon entsprechend programmieren.

Einkaufen

Öffnungszeiten

Die Geschäfte sind Mo–Fr 9–17.30/18, Do 9–20 und teils So 10–16 Uhr geöffnet. Das Ladenschlussgesetz ist großzügig und so haben viele Geschäfte unter der Woche auch länger auf.

In den kleinen Dörfern gibt es einmal die Woche – meistens mittwochs – einen so genannten *Early Closing Day*. Ab Mittag oder dem frühen Nachmittag sind dann alle Läden geschlossen.

Souvenirs

Nicht verzichten sollte man auf den Kauf einer guten Flasche echten schottischen Malz-Whiskys. In der Regel ist der unvergleichliche *Pure Single Malt* zwölf Jahre gelagert. Man bekommt aber auch 21, 25 und 50 Jahre gelagerten Whisky. Weitere beliebte Mitbringsel sind die schönen dicken und warmen Pullover der *Edinburgh Wollen Mill*. Überall bekommt man zudem *Tweed-Stoffe* in den schottischen Tartan-Mustern. Nach Hause zurückgekehrt, kann man sich daraus einen Sakko nähen lassen, der für den Rest des Lebens hält.

Essen und Trinken

Die britische Küche ist nicht gerade für ihre Gaumenfreuden bekannt und das Vorurteil von verkochtem Gemüse und faden Fleischgerichten hält sich beständig. Doch gibt es in Schottland wie auf der restlichen Insel auch durchaus Restaurants, deren Küchenchefs exquisite Speisen zaubern.

Opulent und somit sehr sättigend ist das englische **Frühstück** *(Breakfast)*, das mit Cornflakes oder Müsli *(Cereals)* beginnt. Danach wird das *Cooked Breakfast* serviert, das entweder aus Spiegeleiern *(Fried Eggs)* oder Rühreiern *(Scrambled Eggs)* mit Frühstücksspeck *(Bacon)* und Würstchen *(Sausages)* besteht. Auf Letztere verzichten kontinentale Mägen gern. Toast, Butter und Orangenmarmelade sowie Haferplätzchen *(Oat Cakes)* ergänzen das reichhaltige Angebot, das bis in den frühen Nachmittag hinein sättigt.

Das **Mittagessen** fällt deshalb meist kleiner aus. Es gibt aber auch recht deftige Gerichte, wie z. B. das schottische Nationalgericht **Haggis**, das man eher selten in

Geräucherte Forelle zählt zu den Spezialitäten der schottischen Küche

Restaurants angeboten bekommt. Neuerdings ist es jedoch auch fertig zubereitet im Handel erhältlich. Der Lieblingsdichter der Schotten, Robert Burns, bezeichnete das vom Französischen ›Hachis‹ abgeleitete Gericht einmal ironisch als *Great Chieftain o'the Pudding Race*, als ›großen Häuptling aller Wurstarten‹. Schottlands Nationalspeise besteht aus gehacktem Schafsmagen, der mit einer ganzen Anzahl weiterer Innereien, Hafermehl, Gewürzen und Kräutern wie eine Wurst in einen Naturdarm gefüllt wird. Das Ganze kommt dann gekocht auf den Tisch.

Bei den Besuchern beliebter als dieses Innereiengericht sind die saftigen **Steaks** der Angus Hochlandrinder, die man *Rare Done, Medium Done* und *Well Done* ordert, also angebraten, halb durchgebraten und richtig durchgebraten.

Traditionell kommen in schottischen Haushalten, nicht aber in den Restaurants, auch alle Arten von Grünkohlgerichten *(Kail)* auf den Tisch. Sonntags erfreut sich zur Lunch-Zeit über Mittag üblicherweise das **Roastbeef** großer Beliebtheit bei den Schotten und selbstverständlich ist Lamm in Minzsoße nach wie vor einer der größten leiblichen Genüsse der Briten. In der Woche wird während der Mittagszeit in den Pubs gerne die *Scottish Broth* serviert, eine Graupensuppe mit Lammfleisch. Auch *Cock-o-Leekie*, eine Hühnersuppe mit Lauch, ist eine schottische Spezialität.

Selbstverständlich ist **Lachs** der beliebteste *Fisch*, aber auch Seezunge, Krabben, Langusten und natürlich der *Lobster*, der Hummer, sind weitere gern gegessene Meeresfrüchte. Bekanntester Fast-Food-Artikel in ganz Großbritannien ist *Fish and Chips*, was im Inselreich ausnahmsweise einmal nicht im sonst so typischen Understatement als *Great British Invention* bezeichnet wird. Zu den groben Pommes – richtige Fritten heißen vornehm *French Fries* – wird entweder Kabeljau *(Cod)* oder Schellfisch *(Haddock)* gereicht.

Das berühmteste Getränk in Schottland ist natürlich der **Whisky**. Im ganzen Land, vor allem aber in den Seitentälern des leise dahermurmelnden River Spey, brennen Destillen das ›Wasser des Lebens‹. In den Pubs wird gutes **Bier** angeboten. Die hämischen Vorurteile deutscher Biertrinker gegen das schaumlose britische Gebräu sind überflüssig. Das *Lager* entspricht geschmacklich dem deutschen Pils und ist ein hervorragender Durstlöscher. Noch besser ist das *Bitter*, ein vollmundiges, obergäriges und stark gehopftes Bier, das im Fass weiterreift.

In der britischen Kneipe, dem **Pub** (eine Abkürzung von *Public House*), macht sich der kontinentale Besucher mangels Kenntnis der Sitten und Gebräuche gerne unbeliebt. Zuerst einmal wird man dort nicht am Tisch bedient, sondern holt die Getränke am Tresen ab – traditionell die Aufgabe der Männer. Es wird sofort bezahlt und Trinkgelder sind verpönt. Dann ordert man nicht einfach nur das Bier, was als sehr unhöflich gilt, sondern gibt gezielt die Menge und die Art des Getränkes an. Also etwa ein *Pint* (ca. 0,5 l) *of Lager* oder *Half a Pint* (ca. 0,25 l) *of Bitter* und hinter die Bestellung setzt man ein kräftiges und unüberhörbares *›Please‹*. In der Regel gehören britische Pubs zu einer Brauerei und von daher findet man dann auch nur die Produkte dieses bestimmten Sudhauses im Ausschank. Ausnahmen stellen die so genannten **Free Houses** dar. Dies sind freie Kneipen, die zu keiner Brauerei gehören und daher viele unterschiedliche Biere anbieten. In den Pubs sollte man auch einmal auf die Abkürzung CAMRA achten; diese *Campaign for Real Ale* verleiht regelmäßig Preise an gute Biere.

Alkohol kann man nicht in jedem Geschäft kaufen, sondern nur in den so genannten *Off-Licence*-Läden. Jeder Ort in Schottland besitzt selbstverständlich so einen Off Licence, weit verbreitet sind die Läden der Ketten Victoria Vine und Odd Bins. Jeder große Supermarkt verfügt ebenfalls über einen Off-Licence-Bereich.

Ab 26. März 2006 gilt in allen geschlossenen öffentlichen Räumen in Schottland ein **Rauchverbot** – also auch in Pubs, Restaurants, Cafes, Clubs, Bars, Hotels, Gasthöfen etc.

Feste und Feiern

Gesetzliche Feiertage

31. Dezember, 1. und 2. Januar, Karfreitag *(Good Friday)*, Ostermontag (*Easter Monday*), 1. Montag im Mai (*Labour Day*), letzter Montag im Mai und August (*Bank Holidays,* 1871 von den Gewerkschaften erkämpft) und 1. und 2. Weihnachtstag.

Feste

In jeder Tourist Information bekommt der Besucher kostenlos die umfangreiche Broschüre *Events in Scotland*, in der alle Veranstaltungen des Jahres aufgelistet sind. Die meisten Feste finden von Mai bis September statt, in diese Zeit fallen auch die über 100 *Highland Games*.

Januar/Februar

Landesweit: *Burns Supper* (25.1.), vielerorts ehren die Schotten ihren Nationaldichter Robert Burns anlässlich seines Geburtstages mit einem traditionellen schottischen Essen: Haggis, Tatties *(Kartoffelbrei)* oder Neeps *(Steckrübenbrei)*. Dazu gibt es jede Menge Whisky.

Landesweit (Jan./Febr.): Die allseits beliebten *Curling Competitions*, Eisschieß-Wettbewerbe, finden in vielen schottischen Städtchen statt.

März–Mai

Landesweit: *Spring Flower Shows*, fast überall kann man nun herrliche Blumenschauen genießen.

Mai

Blair Atholl (letzter Sa/So): Den Marsch der Privatarmee des Duke of Atholl, die *Blair Atholl Parade* [s. S. 79], sollte man nicht verpassen. Auch die am Sonntag anschließenden *Blair Atholl Highland Games* ziehen viele Besucher an.

September

Braemar (1. Sa): Bei den bekannten *Braemar Highland Games* [Nr. 32] ist traditionsgemäß die Königin anwesend.

Skurrile Spiele in den Highlands

Klima und Reisezeit

In Schottland herrscht das *atlantische Klima*, das sich durch relativ milde Winter und kühle Sommer auszeichnet. In den hoch gelegenen Highlands gehen während der kalten Jahreszeit die Niederschläge als Schnee nieder. Der fast immer vorherrschende Westwind treibt die feuchten ozeanischen Wolkenmassen an die Westküste, wo sie an den Berghängen ihre Schleusen öffnen und als Steigungsregen ergiebige Wassermengen über das Land fluten lassen. Rund 4000 mm Niederschlag fällt im rauen Westen Schottlands. Wesentlich trockener ist die Ostküste, die mit rund 1000 mm gerade mal ein Viertel dieser Regenmenge aufweisen kann. Dafür ist es im Osten aber aufgrund der fehlenden Einflüsse des Golfstroms kälter als im Westen. Als Faustregel gilt: Wenn es im Westen regnet, ist es im Osten trocken und umgekehrt.

Die beste Reisezeit reicht von *Anfang Mai bis Ende Juni*. Dann liegen die Niederschlagsmengen am niedrigsten, die Temperaturen sind schon recht akzeptabel, alle touristischen Einrichtungen haben ihre Pforten geöffnet, doch noch tummeln sich erst wenige Besucher in den Highlands und auf den Inseln.

Klimadaten Schottland

(durchschnittliche Temperaturen in °C)

	Edinburgh	Fort William	Wick
Januar	6,2	6,3	5,6
Februar	6,4	6,7	5,7
März	8,5	8,6	7,3
April	11,2	11,2	9,3
Mai	14,2	14,5	11,3
Juni	17,1	16,6	14,2
Juli	18,4	17,2	15,4
August	18,2	17,3	15,4
September	16,3	15,4	14,1
Oktober	13,3	12,8	11,8
November	9,0	8,8	8,2
Dezember	7,1	7,3	6,5

Kultur live

April/Mai

Pitlochry: Beginn der *Pitlochry Festival Theatre Season*.

Oban: *Highlands and Islands Music & Dance Festival.*

Mai/Juni

Ayr: *Ayrshire Burns Festival*, großes Kulturevent im Gedenken an den schottischen Dichter Robert Burns (Ende Mai/Anfang Juni).

Juni/Juli

Glasgow: *International Jazz Festival.*

Juli/August

Isle of Skye: *Skye Folk Festival.*

August/September

Edinburgh: *International Art Festival* (auch *Edinburgh Festival* genannt). Dreiwöchiges, größtes Kulturfest der Welt mit über 2000 Aufführungen, oft begleitet von einem Film-, Buch- und Jazzfestival (www.eif.co.uk).

Oktober

Aberdeen: *Aberdeen Alternative Festival*, Musik- und Straßenfest.

Blair Atholl: *Glenfiddich Piping Festival*, Dudelsackpfeiferwettbewerb.

Schottlands Seen sind Paradiese für Wassersportler

Sport

Sport wird in Schottland groß geschrieben. Als Breitensport wird *Cricket, Curling, Soccer* und *Darts* gespielt. Weniger Aktive schauen gern bei *Polo, Rugby* oder *Hockey* zu, und auch *Hunde-* und *Pferderennen* erfreuen sich großer Beliebtheit.

Besucher finden in ganz Schottland herrliche Möglichkeiten zum *Wandern, Golf-* und *Tennisspielen*. Viele Hotels und Herbergen sind auf *Reiten* und *Radfahren* eingestellt und vermieten alles Nötige. Auch *Fischen* und *Jagen* ist sehr beliebt. Am Meer und in den zahlreichen Flüssen fahren Gäste gern *Kanu, segeln* oder *surfen*. Hinweise für Wassersportler gibt die **ADAC-Sportschifffahrt** unter Tel. 089/ 7 67 60 oder www.adac.de/sportschiff fahrt). Und nicht zuletzt finden sich in Schottland auch prächtige *Wintersportgebiete*, etwa die Skiarena von Glen-shee [s. S.76]. Detaillierte Auskünfte erteilt: **Sportscotland**, Caledonia House, South Gyle, EH12 9DQ Edinburgh, Tel. 0131/ 3177200, Fax 0131/3177202, www.sport scotland.org.uk.

Statistik

Lage: Schottland bildet als nördlichste der vier Regionen zusammen mit Wales, England und Nordirland das Vereinigte Königreich Großbritannien. Die Grenze zum südlichen England verläuft von Gretna Green im Westen bis Lamberton (bei Berwick) im Osten. Ansonsten umgibt das Meer Schottland und seine ihm zugehörigen Inselgruppen der Orkneys, Shetlands, der Inneren und Äußeren Hebriden – im Osten die Nordsee, in alle anderen Himmelsrichtungen der Atlantik.

Schottland teilt sich in die flachen, niedrig gelegenen und fruchtbaren *›Lowlands‹* im Süden und die immer stärker, bis auf 1343 m (Ben Nevis) ansteigenden, gebirgig-kargen *›Highlands‹* im Norden.

Fläche: Rund 78 133 km^2; mehr als ein Drittel der Fläche der britischen Hauptinsel.

Bevölkerung: 5,1 Mio. (2005)

Hauptstadt: Edinburgh

Verwaltung: Zwölf Regionen (neun auf der Hauptinsel und drei Inselgebiete), unterteilt in 53 Distrikte.

Seit 1999 besitzt Schottland wieder ein eigenes Parlament mit 129 Mitgliedern (Wahl alle 4 Jahre). Diesem obliegt die Innenpolitik.

Wirtschaft: Bedeutend sind vor allem Tourismus und Ölförderung in der Nordsee, aber Dienstleistungs- und Fertigungsindustrie sind auf dem Vormarsch. Allgemein gilt, dass der Süden dank besserer Infrastruktur und größerer menschlicher Ressourcen stärker industrialisiert ist. Im Norden Schottlands herrschen nach wie vor große strukturelle Probleme und Arbeitslosigkeit ist weit verbreitet – trotz Fischzucht und -fang in großem Stil. In dem Spannungsfeld zwischen Natur, wegen der die Touristen vorwiegend Schottland besuchen, und neu zu schaffenden Arbeitsplätzen, die darauf nicht immer Rücksicht nehmen (können), sind die Interessen nicht leicht in Einklang zu bringen.

Unterkunft

Bed and Breakfast

Die klassische Art der Übernachtung in ganz Großbritannien sind die preisgünstigen *Bed-and-Breakfast-Unterkünfte* bei Privatleuten. Vor allem an den Ausfallstraßen der Städte und Dörfer finden sich in vielen Vorgärten unübersehbar die Hinweisschilder auf die *B&B* abgekürzten Familienpensionen. *Vacancies* weist auf freie Zimmer hin, *No Vacancies* bedeutet demzufolge, dass bereits alle Betten belegt sind. Die Abkürzung C/TV weist auf einen Farbfernseher im Zimmer hin, *En Suite* oder *Private Facilities* bedeutet Zimmer mit eigenem Bad und Toilette und schließlich macht die Aufschrift *Tea-making-Facilities* den Gast darauf aufmerksam, dass ein Heißwasser-Kessel, Teebeutel, Instant-Kaffee, Milch und Zucker vorhanden sind. Im Zuge des BABA *(Book-A-Bed-Ahead)* kann man gegen eine geringe Gebühr in jedem *Tourist Information Office* Hotel- und B & B-Zimmer vorab buchen.

Camping

In Schottland gibt es eine ganze Reihe von Campingplätzen mit ausgezeichneten sanitären Anlagen. Jedes *Tourist Information Office* verkauft gegen einen geringen Betrag ein Büchlein, in dem alle Plätze mit ihren Besonderheiten sowie den Anfahrtswegen aufgelistet sind. Geprüfte Plätze beschreibt der jährlich erscheinende *ADAC-Camping-Caravaning-Führer* (auch als CD-ROM).

Ferienhäuser

Die *Tourist Information Offices* vor Ort oder schon hier in Deutschland *Visit Britain*, Urlaubsservice Großbritannien, Hackescher Markt 1, 10178 Berlin, Tel. 018 01/46 86 42, Fax 030/31 57 19 10, gb-info@visitbritain.org, vermitteln die Adressen von im Grünen gelegenen, immer recht gemütlichen Cottages.

Hotels

Wie hierzulande auch, werden die Hotels gemäß dem internationalen Sterne-Standard klassifiziert und mit * bis ***** Sternen versehen, wobei Fünf-Sterne-Hotels Unterkünfte der Spitzenklasse darstellen. Eine Auswahl bieten die ›Praktischen Hinweise‹ bei der jeweiligen Ortsbeschreibung im Haupttext.

Verkehrsmittel im Land

Bus

Vor allem in ländlichen Gebieten sind die *Postbusse* bedeutsam, da sie selbst entlegenste Dörfer anfahren. Fahrpläne gibt es bei allen Postämtern.

Allgemeine Auskünfte erteilt: **Post**

Office Public Relations Unit,
West Port House, 102 West Port,
EH 3 9 HS Edinburgh, Tel. 01 31/2 28 74 07,
www.royalmail.com/postbus.

Zwischen allen größeren Städten verkehren Busse der beiden Gesellschaften:

National Express, Auskunft zu regionalen Ticket-Agenturen: Tel. 09 90/01 01 04, Agenturen z. B. im TIC Glasgow, Tel. 01 41/2 04 44 00. Infos auch direkt unter Tel. 087 05/80 80 80, www.nationalexpress.com.

Scottish Citylink Coaches,
Buchanan Bus Station, Killermont Street,
G 2 3 NP Glasgow, Tel. 01 41/3 32 96 44,
www.citylink.co.uk.

Bahn

Mit dem ›*BritRail Scotish Freedom Pass*‹ kann man an 4 bzw. 8 beliebigen Tagen innerhalb eines Zeitraums von 8 bzw. 15 Tagen das gesamte Streckennetz der Eisenbahn in Schottland (ScotRail) benutzen. Der Pass, der sogar noch in Schottland erworben werden kann, gilt auch für viele Fährverbindungen bzw. ermäßigt dort den Preis.

Ein ähnliches Angebot, ›*BritRail Pass*‹ bzw. ›*BritRail FlexiPass*‹, kann man für den Eisenbahnverkehr in ganz Großbritannien erwerben. Diese Pässe müssen jedoch vor der Abreise im Heimatland besorgt werden.

Bahntickets für alle innerbritischen Strecken sowie die hier beschriebenen Pässe können Besucher aus Deutschland, Österreich und der Schweiz unter der folgenden Adresse bestellen:

Britain Direct GmbH, Ruhbergstr. 8, 69242 Mühlhausen, Tel. 062 22/67 80 50, Fax 062 22/6 78 05 19, www.visitbritaindirect.com.

In Deutschland außerdem bei Reisebüros mit Bahnagenturen und bei allen größeren Bahnhöfen.

Infos auch im Call Center England unter Tel. 00 44/20/72 78 52 40 oder www.networkrail.co.uk.

Mietwagen

Es ist günstiger, wenn man ein *Fly-and-Drive-Ticket* nutzt oder bereits vorab bei den internationalen *Verleihfirmen* einen Mietwagen für Schottland bucht.

Mitglieder können über ihre ADAC-Geschäftsstellen oder unter Tel. 018 05/31 81 81 (0,12 €/Min.) bei der **ADAC-Autovermietung** preisgünstiger ein Auto vorbuchen.

Beim Ausleihen vor Ort muss der Mieter den Führerschein seit mind. 1 Jahr besitzen, manche Firmen bestehen auf 2 Jahren, und älter als 21 bzw. 23 Jahre sein.

Sprachführer

Englisch für die Reise

Das Wichtigste in Kürze

Ja/Nein	*Yes/No*
Bitte/Danke	*Please/Thank you*
In Ordnung./Einverstanden.	*All right./Agreed.*
Entschuldigung!	*Excuse me!*
Wie bitte?	*Pardon?*
Ich verstehe Sie nicht.	*I don't understand you*
Ich spreche nur wenig Englisch.	*I only speak a little English.*
Können Sie mir bitte helfen?	*Can you help me, please?*
Das gefällt mir/ Das gefällt mir nicht.	*I like that/ I don't like that.*
Ich möchte ...	*I would like ...*
Haben Sie ...?	*Do you have ...?*
Gibt es ...?	*Is there ...?*
Wie viel kostet das?/ Wie teuer ist ...?	*How much is that?*
Kann ich mit Kreditkarte bezahlen?	*Can I pay by credit card?*
Wie viel Uhr ist es?	*What time is it?*
Guten Morgen!	*Good morning!*
Guten Tag!	*Good morning!/ Good afternoon!*
Guten Abend!	*Good evening!*
Gute Nacht!	*Good night!*
Hallo! Grüß Dich!	*Hello!*
Wie ist Ihr Name, bitte?	*What's your name, please?*
Mein Name ist ...	*My name is ...*
Ich bin Deutsche(r).	*I am German.*
Ich bin aus Deutschland.	*I come form Germany.*
Wie geht es Ihnen?	*How are you?*
Auf Wiedersehen!	*Good bye!*
Tschüs!	*See you!*
gestern/heute/ morgen	*yesterday/today/ tomorrow*
am Vormittag/ am Nachmittag	*in the morning/ in the afternoon*
am Abend/ in der Nacht	*in the evening/ at night*
um 1 Uhr/ 2 Uhr ...	*at one o'clock/ at two o'clock ...*
um Viertel vor (nach) ...	*at a quarter to (past) ...*
um ... Uhr 30	*at ... thirty*
Minuten/Stunden	*minutes/hours*
Tage/Wochen	*days/weeks*
Monate/Jahre	*months/years*

Zahlen

0	*zero*	20	*twenty*
1	*one*	21	*twenty-one*
2	*two*	22	*twenty-two*
3	*three*	30	*thirty*
4	*four*	40	*forty*
5	*five*	50	*fifty*
6	*six*	60	*sixty*
7	*seven*	70	*seventy*
8	*eight*	80	*eighty*
9	*nine*	90	*ninety*
10	*ten*	100	*a (one) hundred*
11	*eleven*	200	*two hundred*
12	*twelve*	1 000	*a (one) thousand*
13	*thirteen*	2 000	*two thousand*
14	*fourteen*	10 000	*ten thousand*
15	*fifteen*	1 000 000	*a million*
16	*sixteen*	½	*a (one) half*
17	*seventeen*	¼	*a (one) quarter*
18	*eighteen*		
19	*nineteen*		

Wochentage

Montag	*Monday*
Dienstag	*Tuesday*
Mittwoch	*Wednesday*
Donnerstag	*Thursday*
Freitag	*Friday*
Samstag	*Saturday*
Sonntag	*Sunday*

Monate

Januar	*January*
Februar	*February*
März	*March*
April	*April*
Mai	*May*
Juni	*June*
Juli	*July*
August	*August*
September	*September*
Oktober	*October*
November	*November*
Dezember	*December*

Maße

Kilometer	*kilometre*
Meter	*metre*
Zentimeter	*centimetre*
Kilogramm	*kilogramme*
Pfund	*pound*
Gramm	*gramme*
Liter	*litre*

Unterwegs

Nord/Süd/West/ Ost	*north/south/west/ east*
geöffnet/ geschlossen	*open/ closed*
geradeaus/links/ rechts/zurück	*straight on/left/ right/back*
nah/weit	*near/far*
Wie weit ist es?	*How far is it?*
Wo sind die Toiletten?	*Where are the toilets?*
Wo ist die (der) nächste ... Telefonzelle/ Bank/Post/ Polizeistation/ Geldautomat?	*Where is the nearest ... telephone-box/ bank/post office/ police station/ automatic teller?*
Wo ist ... der Hauptbahnhof/ die U-Bahn/ der Flughafen?	*Where is the ... main train station/ subway station/ airport, please?*
Wo finde ich ein(e, en)? Apotheke/ Bäckerei/ Fotoartikel/ Kaufhaus/ Lebensmittelgeschäft/ Markt?	*Where can I find a ... pharmacy/ bakery/ photo shop/ department store/ food store/ market?*
Ist das der Weg/ die Straße nach ...?	*Is this the way/ the road to ...?*
Gibt es einen anderen Weg?	*Is there another way?*
Ich möchte mit ... dem (der) Zug/Schiff/Fähre/ Flugzeug nach ... fahren.	*I would like to go to ... by ... train/ship/ferry/ airplane.*
Gilt dieser Preis für Hin- und Rückfahrt?	*Is this the round trip fare?*
Wie lange gilt das Ticket?	*How long will the ticket be valid?*
Wo ist ... das Tourismusbüro/ ein Reisebüro?	*Where is ... the tourist office/ a travel agency?*
Ich benötige eine Hotelunterkunft.	*I need hotel accommodation.*
Wo kann ich mein Gepäck lassen?	*Where can I leave my luggage?*
Ich habe meinen Koffer verloren.	*I lost my suitcase.*

Zoll, Polizei

Ich habe etwas/ nichts zu verzollen.	*I have something/ nothing to declare.*
Nur persönliche Dinge.	*Only personal belongings.*
Hier ist die Kaufbescheinigung.	*Here is the receipt.*
Hier ist mein(e) ... Geld/ Pass/ Personalausweis/ Kfz-Schein/ Versicherungskarte.	*Here is my ... money/ passport/ ID card/ certificate of registration/ car insurance card.*
Ich fahre nach ... und bleibe ... Tage/Wochen.	*I'm going to ... to stay there for ... days/weeks.*
Ich möchte eine Anzeige erstatten.	*I would like to report an incident.*
Man hat mein(e, en)... Geld/ Tasche/ Papiere/ Schlüssel/ Fotoapparat/ Koffer/ Fahrrad gestohlen.	*They stole my ... money/ bag/ papers/ keys/ camera/ suitcase/ bicycle.*
Verständigen Sie bitte das/die Deutsche Konsulat/Botschaft.	*Please contact the German consulate/embassy.*

Freizeit

Ich möchte ein ... Fahrrad/ Motorrad/ Surfbrett/ Mountainbike/ Boot/ Pferd ... mieten.	*I would like to rent a ... bicycle/ motorcycle/ surf board/ mountain bike/ boat/ horse.*
Gibt es ein(en) Freizeitpark/ Freibad/ Golfplatz/ Strand ... in der Nähe?	*Is there a ... theme park/ outdoor swimming pool/ golf course/ beach ... in the area?*
Wann hat ... geöffnet?	*What are the opening hours of ...?*

Bank, Post, Telefon

Ich möchte Geld wechseln.	*I would like to change money.*
Brauchen Sie meinen Ausweis?	*Do you need my passport?*
Wo soll ich unterschreiben?	*Where should I sign?*
Ich möchte eine Telefonverbindung nach ...	*I would like to have a telephone connection with ...*
Wie lautet die Vorwahl für ...?	*What is the area code for ...?*
Wo gibt es ... Telefonkarten/ Briefmarken?	*Where can I get ... phone cards/ stamps?*

Tankstelle

Wo ist die nächste Tankstelle?	*Where is the nearest petrol station?*
Ich möchte ...	*I would like ...*
Liter ...	*litres of*
Super/Diesel / bleifrei.	*star/diesel/ unleaded.*
Volltanken, bitte.	*Fill it up, please.*
Bitte, prüfen Sie ...	*Please check the ...*
den Reifendruck/	*tire pressure/*
den Ölstand/	*oil level/*
den Wasserstand/	*water level/*
das Wasser für die Scheibenwisch-anlage/	*water in the wind-screen wiper system/*
die Batterie.	*battery.*
Würden Sie bitte ...	*Would you please ...*
den Ölwechsel/	*change the oil/*
den Radwechsel vornehmen/	*change the tires/*
die Sicherung austauschen/	*change the fuse/*
die Zündkerzen erneuern/	*replace the spark plugs/*
die Zündung nachstellen?	*adjust the ignition?*

Panne

Ich habe eine Panne.	*My car's broken down.*
Der Motor startet nicht.	*The engine won't start.*
Ich habe die Schlüssel im Wagen gelassen.	*I left the keys in the car.*
Ich habe kein Benzin/ Diesel.	*I've run out of petrol/ diesel.*
Gibt es hier in der Nähe eine Werkstatt?	*Is there a garage nearby?*
Können Sie mein Auto abschleppen?	*Could you tow my car?*
Können Sie mir einen Abschleppwagen schicken?	*Could you send a tow truck?*
Können Sie den Wagen reparieren?	*Could you repair my car?*
Bis wann?	*By when?*

Mietwagen

Ich möchte ein Auto mieten.	*I would like to rent a car.*
Was kostet die Miete ...	*How much is the rent ...*
pro Tag/	*per day/*
pro Woche/	*per week/*
mit unbegrenzter km-Zahl/	*including unlimited kilometres/*
mit Kasko-versicherung/	*including compre-hensive insurance/*
mit Kaution?	*with deposit?*
Wo kann ich den Wagen zurückgeben?	*Where can I return the car?*

Unfall

Hilfe!	*Help!*
Achtung!/Vorsicht!	*Attention!/Caution!*
Rufen Sie bitte schnell ...	*This is an emergency, please call ...*
einen Krankenwagen/	*an ambulance/*
die Polizei/	*the police/*
die Feuerwehr.	*the fire department.*
Es war (nicht) meine Schuld.	*It was (not) my fault.*
Geben Sie mir bitte Ihren Namen und Ihre Adresse.	*Please give me your name and address.*
Ich brauche die Angaben zu Ihrer Autoversicherung.	*I need the details of your car insurance.*

Krankheit

Können Sie mir einen guten Deutsch sprechenden Arzt/ Zahnarzt empfehlen?	*Can you recommend a good German-speaking doctor/ dentist?*
Wann hat er Sprech-stunde?	*What are his office hours?*
Wo ist die nächste Apotheke?	*Where is the nearest pharmacy?*
Ich brauche ein Mittel gegen ...	*I need medication for ...*
Durchfall/	*diarrhea/*
Halsschmerzen/	*a sore throat/*
Fieber/	*fever/*
Insektenstiche/	*insect bites/*
Verstopfung/	*constipation/*
Zahnschmerzen.	*toothache.*

Hotel

Können Sie mir bitte ein Hotel/eine Pension empfehlen?	*Could you please recommend a hotel/ Bed & Breakfast?*
Ich habe bei Ihnen ein Zimmer reserviert.	*I booked a room with you.*
Haben Sie ein ...	*Have you got a ...*
Einzel-/Doppel-zimmer ...	*single/double room ...*
mit Dusche/ Bad/WC?	*with shower/ bath/bathroom?*
für eine Nacht/	*for a night/*
für eine Woche?	*for a week?*
Was kostet das Zimmer	*How much is the room*
mit Frühstück/	*with breakfast/*
mit zwei Mahlzeiten?	*with two meals?*

Wie lange gibt es Frühstück?	*How long will breakfast be served?*
Ich möchte um ... geweckt werden.	*Please wake me up at ...*
Wie ist hier die Stromspannung?	*What is the power voltage here?*
Ich reise heute abend/ morgen früh ab.	*I will depart tonight/ tomorrow morning.*
Haben Sie ein Faxgerät/ einen Internetzugang/ einen Hotelsafe?	*Have you got a fax machine/ internet access/ a hotel safe?*
Akzeptieren Sie Kreditkarten?	*Do you accept credit cards?*

Restaurant

Wo gibt es ein gutes/ günstiges Restaurant?	*Where is a good/ inexpensive restaurant?*
Die Speisekarte/ Getränkekarte, bitte.	*The menu/ the wine list, please.*
Ich möchte das Tagesgericht/Menü (zu…)	*I like the dish of the day (at ...).*
Welches Gericht können Sie besonders empfehlen?	*Which of the dishes can you recommend?*
Ich möchte nur eine Kleinigkeit essen.	*I only want a snack.*
Gibt es vegetarische Gerichte?	*Are there vegetarian dishes?*
Haben Sie offenen Wein?	*Do you serve wine by the glass?*
Welche alkoholfreien Getränke haben Sie?	*What kind of soft drinks do you have?*
Haben Sie Mineralwasser mit/ ohne Kohlensäure?	*Do you have sparkling water/ noncarbonated water?*
Das Steak bitte ... englisch/medium/ durchgebraten.	*The steak ... rare/medium/ well-done, please.*
Kann ich bitte ... ein Messer/ eine Gabel/ einen Löffel haben?	*May I have ... a knife/ a fork/ a spoon, please?*
Darf man rauchen?	*Is smoking allowed?*
Rechnung/Bezahlen, bitte.	*The bill, please.*

Essen und Trinken

Abendessen	*dinner*
Ananas	*pineapple*
Apfelkuchen	*apple pie*
Bier	*beer*
Birnen	*pears*
Bratkartoffeln	*fried potatoes*
Brot/Brötchen	*bread/rolls*
Butter	*butter*
Ei	*egg*
Eier mit Speck	*bacon and eggs*
Eiscreme	*ice-cream*
Erbsen	*peas*
Erdbeeren	*strawberries*
Essig	*vinegar*
Fisch	*fish*
Fleisch	*meat*
Fleischsoße	*gravy*
Frühstück	*breakfast*
Gebäck	*pastries*
Geflügel	*poultry*
Gemüse	*vegetable*
Gurke	*cucumber*
Hähnchen	*chicken*
Hammelfleisch	*mutton*
Honig	*honey*
Hummer	*lobster*
Kaffee	*coffee*
Kalbfleisch	*veal*
Kartoffeln	*potatoes*
Kartoffelbrei	*mashed potatoes*
Käse	*cheese*
Kohl	*cabbage*
Kuchen	*cake*
Lachs	*salmon*
Lamm	*lamb*
Leber	*liver*
Maiskolben	*corn-on-the-cob*
Marmelade	*jam*
Mittagessen	*lunch*
Meeresfrüchte	*seafood*
Milch	*milk*
Mineralwasser	*mineral water*
Nieren	*kidneys*
Obst	*fruit*
Öl	*oil*
Pfannkuchen	*pancakes*
Pfeffer	*pepper*
Pfirsiche	*peaches*
Pilze	*mushrooms*
Pommes frites	*chips*
Reis	*rice*
Reh/Hirsch	*venison*
Rindfleisch	*beef*
Rühreier	*scrambled eggs*
Sahne	*cream*
Salat	*salad*
Salz	*salt*
Schinken	*ham*
Schlagsahne	*clotted cream*
Schweinefleisch	*pork*
Sekt	*sparkling wine*
Suppe	*soup*
Thunfisch	*tuna*
Truthahn	*turkey*
Vanillesoße	*custard*
Vorspeisen	*hors d'œuvres*
Wein (Weiß/Rot/Rosé)	*wine (white/red/rosé)*
Würstchen	*sausages*
Zucker	*sugar*
Zwiebeln	*onions*

Register

Bildnachweis

Umschlag-Vorderseite: Dunnottar Castle. *Foto: Ralf Freyer, Freiburg*

Titelseite
Oben: Balmoral Castle – Hochlandresidenz der königlichen Familie (Wh. von S. 75)
Mitte: Kilts und Dudelsäcke – Paradeschotten (Wh. von S. 126)
Unten: Blühende Heidelandschaften im Glen Convinth (Wh. von S. 88)

Außer den nachstehend aufgeführten Quellen stammen alle fotografischen Aufnahmen von Event Horizons, GB-Ambleside, David Lyons

AKG, Berlin: 13 unten, 14, 74 – *laif, Köln:* 15 unten (Alan Wylie) – *Look, München:* 19, 82 unten, 83 (Karl Johaentges) – *Mauritius, Mittenwald:* 115 oben (R. Matassa), 24 unten, 85 (Thonig), 16 – *Ralf Freyer, Freiburg:* 11 oben, 28, 32, 36, 40, 41, 42, 43, 44, 46, 51 oben, 52 unten, 58, 63 unten, 68, 72, 73 – *Tina und Horst Herzig, Gross-Gerau:* 23 unten, 33 – *Hubert Stadler, Fürstenfeldbruck:* 7 oben, 21, 123, 126 unten links, 133 – *Süddeutscher Verlag Bilderdienst, München:* 22, 53, 60 – *Ernst Wrba, Sulzbach/Taunus:* 4 unten, 9 (2), 10 unten, 11 unten, 26, 34, 57, 79, 80, 81, 82 oben, 97, 99, 100, 101, 104 Mitte, 110, 116, 117, 126 oben links, 129, 131

ADAC
reisemagazin
Reisen mit Lust und Laune.
BRETAGNE
Rau, aber herzlich
DÄNEMARK
Wo Dänemark einsame Spitze ist
KUBA
Im Rhythmus der Karibik
MALLORCA
Mallorca zum Träumen
ROM
Ewig schön, ewig jung
Die Reisemagazine vom ADAC gibt es für Städte, Länder und Regionen.
Alle zwei Monate neu.
POLEN
Neue Horizonte
SPANIENS SÜDEN UND MADRID
Flamenco und die Seele des Südens
INDIEN
Zwischen Mythos und Morgenrot

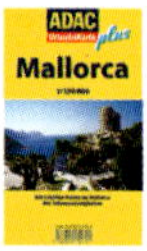

Ägypten
Algarve
Allgäu
Amsterdam
Andalusien
Australien
Bali und Lombok
Barcelona*
Berlin*
Bodensee
Brandenburg
Brasilien
Bretagne
Budapest
Bulgarische Schwarzmeerküste
Burgund
Costa Brava und Costa Daurada
Côte d'Azur
Dalmatien
Dänemark*
Deutschland, City Guide
Dominikanische Republik
Dresden*
Dubai, Vereinigte Arabische Emirate, Oman
Elsass
Emilia Romagna
Florenz
Florida
Französische Atlantikküste
Fuerteventura
Gardasee*
Germany, City Guide (engl.)
Golf von Neapel
Gran Canaria
Hamburg*
Hongkong und Macau
Ibiza und Formentera
Irland
Israel
Istrien und Kvarner Golf*
Italienische Adria
Italienische Riviera
Jamaika
Kalifornien
Kanada – Der Osten
Kanada – Der Westen
Karibik
Kenia
Korfu und Ionische Inseln
Kreta*
Kuba
Kykladen
Lanzarote
Leipzig
London*
Madeira
Mallorca*
Malta
Marokko
Mauritius und Rodrigues
Mecklenburg-Vorpommern*
Mexiko
München*
Neuengland
Neuseeland
New York*
Niederlande
Norwegen
Oberbayern*
Österreich*
Paris*
Peloponnes
Piemont, Lombardei, Valle d'Aosta
Polen*
Portugal
Prag*
Provence
Rhodos
Rom*
Rügen, Hiddensee, Stralsund
Salzburg
Sardinien
Schleswig-Holstein*
Schottland
Schwarzwald*
Schweden*
Schweiz*
Sizilien
Spanien
St. Petersburg
Südafrika
Südengland
Südtirol*
Sylt
Teneriffa*
Tessin
Thailand
Toskana
Tunesien
Türkei-Südküste
Türkei-Westküste
Umbrien
Ungarn
USA-Südstaaten
USA-Südwest
Usedom*
Venedig*
Venetien und Friaul
Wien*
Zypern

* auch als ADAC Reiseführer Plus mit CityPlan bzw. UrlaubsKarte

Leserforum

Die Meinung unserer Leserinnen und Leser ist wichtig, daher freuen wir uns von Ihnen zu hören. Wenn Ihnen dieser Reiseführer gefallen hat, wenn Sie wichtige Hinweise zu den Inhalten haben – Ergänzungs- und Verbesserungsvorschläge, Tipps und Korrekturen – dann schreiben Sie uns:

Redaktion ADAC Reiseführer
ADAC Verlag GmbH
81365 München
verlag@adac.de

Impressum

Der vorliegende Band behandelt Schottland ohne die atlantischen Inselgruppen der Shetlands, Orkneys und Äußeren Hebriden.

Lektorat: Elisabeth Schnurrer
Aktualisierung: Renate Nöldeke, München
Karten: Wolfgang Mohrbach, München
Herstellung: Martina Baur
Printed in Germany

Ansprechpartner für den Anzeigenverkauf:
Kommunalverlag GmbH & Co KG,
MediaCenterMünchen, Tel. 089/92 80 96-44

ISBN 10: 3-87003-703-2
ISBN 13: 978-3-87003-703-1

Gedruckt auf chlorfrei gebleichtem Papier

Neu bearbeitete Auflage 2006